# PARAS INTIAN CURRY-KEITTOKIRJA

100 INTIALAISTA RESEPTIÄ
CURRYILLE, DALSEILLE,
CHUTNEYILLE, MASALAILLE,
BIRYANEILLE JA MONILLE
MUILLE RESEPTEILLE

Ritva Kimolin

Kaikki oikeudet pidätetään.

Kumoaminen

Tämän e-kirjan sisältämät tiedot on tarkoitettu toimimaan kattavana kokoelmana strategioita, joita tämän e-kirjan kirjoittaja on tutkinut. Yhteenvedot, strategiat, vinkit ja temput ovat vain kirjoittajan suosituksia, eikä tämän e-kirjan lukeminen takaa, että tulokset heijastavat tarkasti kirjoittajan tuloksia. E-kirjan kirjoittaja on tehnyt kaikkensa tarjotakseen ajantasaista ja oikeaa tietoa e-kirjan lukijoille. Kirjoittaja ja hänen avustajansa eivät ole vastuussa mahdollisista tahattomista virheistä tai puutteista. E-kirjan materiaali voi sisältää tietoja kolmansilta osapuolilta. Kolmannen osapuolen materiaalit koostuvat omistajiensa ilmaisemista mielipiteistä . Sellaisenaan e-kirjan kirjoittaja ei ota vastuuta kolmansien osapuolien materiaalista tai mielipiteistä. Johtuen Internetin kehityksestä tai odottamattomista muutoksista yrityksen politiikassa ja toimituksellisissa ohjeissa, kirjoitushetkellä tosiasiaksi ilmoitettu saattaa myöhemmin vanhentua tai olla soveltumatonta.

E-kirja on tekijänoikeus © 2021 ja kaikki oikeudet pidätetään. Tämän e-kirjan uudelleen jakaminen, kopioiminen tai siitä johdettujen teosten luominen kokonaan tai osittain on laitonta. Mitään tämän raportin osaa ei saa jäljentää tai lähettää missään muodossa ilman kirjoittajan kirjallista nimenomaista ja allekirjoitettua lupaa.

# HUOLTO

## SISÄLTÖ ... 4
## JOHDANTO ... 8
## KASVIS CURRY ... 10
1. Thai currymuhennos ... 11
2. Bataatticurry ... 15
3. Thai-tyylinen kasviscurry ... 19
4. Munakoiso- ja minttucurry ... 23
5. Thai Yellow Vegetable Curry ... 27
6. Sipuli Bhaji Curry ... 31
7. Pinaattikoftas jogurttikastikkeessa ... 35
8. Sri Lankan munakoisocurry ... 40
9. Kuuma ja hapan munakoisocurry ... 44
10. Kurpitsa -pinaatticurry ... 48

## KALA- JA MERELLÄIVÄ CURRY ... 52
11. Scalloped Shrimp Curry ja ... 53
12. Pallas - kasviscurry ... 56
13. Simpukka Curry ... 61
14. Sitruunaruoho- ja katkarapucurry ... 64
15. Punainen ... 68
16. Kala- ja maapähkinäcurry ... 72
17. Chu chi simpukoista ja katkarapuista ... 76
18. Mausteinen katkarapu ... 81
19. Kala curryssa jogurtin kanssa ... 85
20. Viidakkocurrykatkaravut ... 88
21. Calamari currylla ... 92
22. Balilainen mereneläviä sisältävä curry ... 96
23. Goan Fish Curry ... 101

24. Tamarind kalacurry ............................................. 105
25. Hapan katkarapu ja kurpitsa curry ....................... 110
26. Kalakoftat currykastikkeessa .............................. 114
27. Vihreä curry kalapullien kanssa ........................... 119
28. Katkaravut thaibasilikalla ................................... 123
29. Kermainen katkarapucurry .................................. 127

## CURRY LINTU .............................................. 130

30. Hapanimelä kanacurry ....................................... 131
31. Currykeitto nuudeleilla ....................................... 134
32. Karibialainen curry .............................................. 139
33. Kanakeitto currylla .............................................. 142
34. Slow Cooker Curry ............................................. 145
35. Curry Chicken thai kielellä .................................. 148
36. Coconut Chicken Curry ...................................... 151
37. Curry ananaksella ............................................... 155
38. Indian Style Curry .............................................. 159
39. Mausteinen kalkkunacurry .................................. 163
40. Ankkacurrya ananaksella .................................... 166
41. Rikas kanakoftas ................................................ 171
42. Voikana .............................................................. 175
43. Curry kanan ja omenamunakoison kanssa ............ 179
44. Burmalainen kana curry ..................................... 184
45. Malesian Chicken Curry ..................................... 188
46. Malesian Chicken Curry ..................................... 192
47. Ankka- ja kookoscurry ........................................ 196
48. Maustettu kana ja mantelit ................................. 201
49. Kanaa kookosmaidossa ...................................... 205
50. Green Chicken Curry ......................................... 209
51. Curry kanan ja tomaattien kanssa ....................... 214
52. Kana Masala ...................................................... 218
53. BBQ ankkacurry litsillä ....................................... 222
54. Curry kanan, manteleiden ja rusinoiden kanssa ..... 227

55. Vietnamilainen kana curry ............................................. 231

## NAUDANLIHA CURRY ...........................................235

56. Panang Chili Curry ............................................... 236
57. Kotitekoinen naudanliha curry ............................. 239
58. Naudanliha-kookoscurry ....................................... 245
59. Curry-lihapullat ..................................................... 249
60. Massaman kasviscurry ........................................... 255
61. Thai naudanliha- ja maapähkinäcurry .................... 260
62. Thai Red Beef Curry ja Munakoiso ........................ 265
63. Massaman Beef Curry ............................................ 268
64. Pepper Beef Curry ................................................. 272
65. Naudanliha ............................................................ 276
66. Naudan ja sinapinsiemen curry .............................. 280
67. Naudanlihapullat ja marinoitua valkosipulia ......... 283
68. Curry basilikalla, naudanlihalla ja mustapippurilla
    ................................................................................. 287

## LAMBAN CURRY ...............................................291

69. Lamb dhansak ........................................................ 292
70. Lammas ja peruna curry ........................................ 297
71. Karitsan koipi ja curry jogurtin kera ..................... 301
72. Karitsan jalka ......................................................... 305
73. Lammas Rogan Josh ............................................... 309
74. .............................................................................. 314
75. Sour Lamb ja Bamboo Curry ................................. 317
76. Lammas korianterilla ............................................. 322
77. Lammas-pinaatticurry ........................................... 326
78. Karitsan jauheliha appelsiinin kanssa ................... 331
79. Mint Lamb Curry ................................................... 335
80. Lammaspaita ......................................................... 338

## PORK CURRY ....................................................341

81. Porsaan sisäfileetä vihreässä curryssa ................... 342
82. Omena- ja porsaan curry ............................................ 347
83. Curry porsaan ............................................................ 350
84. Porsaan currya munakoisolla ................................. 353
85. Sri Lankan Fried Pork Curry .................................... 358
86. Porsaan Vindaloo ..................................................... 362
87. Sianliha-kardemumma curry .................................. 365
88. Five Spice Pork Curry ............................................... 369
89. Green Herb Pork Curry ............................................ 372
90. Sianlihaa, hunajaa ja manteli currya .................... 376

## JYVÄT/JYVÄCURRY ............................................... 380

91. Linssicurry ................................................................. 381
92. Kukkakaali ja kikherne curry .................................. 384
93. Kikherne ja kvinoa curry ......................................... 387
94. Dal curry .................................................................... 390
95. Dum aloo ................................................................... 393
96. Paneer and Pea Curry ............................................... 397

## HEDELMÄCURRY ................................................... 401

97. Kuuma ja hapan ananas curry ................................ 402
98. Sweet Pork and Ananas Curry ................................ 405
99. Porsaan ja karvasmeloni curry ............................... 409
100. Snapper vihreillä banaaneilla ja mangolla .......... 413

## PÄÄTELMÄ ............................................................. 418

## JOHDANTO

Curryn historia viittaa moniin maihin ja kulttuureihin. Intiasta Lähi-itään ja Aasiaan curry on ollut keittiön peruskappale vuosisatojen ajan. Sitä löytyy nykyään ruokapöytien kulhoista ympäri maailmaa. Monien kansallisuuksien ja etnisten ryhmien ihmiset nauttivat currysta.

Curryruokien tekeminen voi olla melkein yhtä hauskaa kuin niiden syöminen. Voit aloittaa tyhjästä tai, jos olet uusi curryn käyttäjä, valmista itse currytahna tai curryjauhe.

Jos teet itse jauhetta, voit lisätä muita ainesosia, kuten valkosipulia, suolaa tai muita mausteita. Hyvä ensimmäinen curry on kana curry tai voikana curry.

Voit säästää aikaa etkä uhraa makua, jos käytät valmista currytahnaa. Tällä pastalla valmistat helposti herkullisen curryn, kuten Korman tai Tikka Masalan. Voit käyttää currytahnaa vihannesten ja lihan kanssa ja lisätä makuasi miellyttäviä ainesosia.

Kun currysi on kypsennetty, voit tarjoilla sen lämpimänä hot pot ja naan-leivän kanssa!

# Kasvis curry

# 1. Thai currymuhennos

Tekee 4 annosta

ainesosat:

Currytahnalle:

- 6 kuumaa paprikaa ilman varsia ja siemeniä, kuivattu
- 1/2 tl suolaa, kosher
- 1 x pohja 4" kuorittu, 1" kuutioitu sitruunaruohon varsi
- 2 rkl tuoretta galangalia kuorittuna, hienonnettuna
- 2 rkl tuoretta kurkumaa hienonnettuna ja kuorittuna
- 1/2 kuppia salottisipulia hienonnettuna
- 1/4 kuppia puolitettuja valkosipulinkynsiä
- 1 ruokalusikallinen katkaraputahnaa, thai

Muhennos:

- 2 kiloa 1 & 1/2" kuutioitua naudanlihaa

- 3 rkl soijakastiketta, thai

- 2 rkl thaimaalaista chiliä, jauhettu ja kuivattu

- 9 kupillista vähänatriumista naudanlihalientä

- 1 kuppi salottisipulia puolitettuna

- 3 porkkanaa, kuorittu, puolitettu pituussuunnassa ja leikattu poikittain, keskikokoinen

- 6 pakastettua tai tuoretta kaffir-limenlehteä

- Tarjoile: hienonnettua korianteria ja hienonnettua basilikaa

**Reittiohjeet:**

a) Currytahnan valmistamista varten jauha chiliä ja suolaa survimella ja huhmareella 5-6 minuuttia. Lisää loput pastan ainekset yksitellen yllä mainitussa järjestyksessä ja vatkaa kukin kokonaan jauheeksi ennen seuraavan lisäämistä. Tämä kestää yhteensä 15-20 minuuttia.

b) Valmista muhennos yhdistämällä currytahna soijakastikkeeseen, naudanlihaan ja chiliin suuressa kattilassa. Sekoita tasaisesti, pinnoite

c) vasikanliha hyvää. Sekoita silloin tällöin kypsennyksen aikana keskilämmöllä 5-6 minuuttia. Lisää liemi. Kiehauta.

d) Peitä ja vähennä lämpöä keski-matalaksi. Sekoita silloin tällöin, kun se kiehuu 2-2 1/2 tuntia, kunnes naudanliha on mureaa, mutta ei vielä hajoa.

e) Sekoita joukkoon limenlehdet, salottisipulit ja porkkanat. Hauduta 10-12 minuuttia, kunnes vihannekset ovat juuri kypsiä. Käytä koristeluun ja tarjoiluun basilikaa ja korianteria.

## 2. Bataatti curry

Tekee 4 annosta

ainesosat:

- 2 rkl rypsiöljyä
- 1 tl sinapinsiemeniä
- 1 tl kuminan siemeniä
- 2 keskikokoista sipulia hienonnettuna
- Kosher-suolaa halutessasi
- Mustapippuria, halutessasi jauhettua
- 3 hienoksi hienonnettua valkosipulinkynttä
- 1 rkl kuorittua, hienonnettua inkivääriä
- 1 & 1/2 tl kurkumaa, jauhettu
- Valinnainen: 1 tl garam masala - maustesekoitusta
- 1 ripaus mustapippuria, cayenne
- 1 lb leikattu, puolitettu ruusukaali

- 1 & 1/2 lbs. 1/2" kuutioituja ja kuorittuja bataatteja

- 1 x 15 unssin tölkki huuhdeltuja kikherneitä

- 2/3 dl maitoa, kookosta

- 2 hienonnettua taatelia

- Tarjoilu: Kreikkalainen jogurtti

**Reittiohjeet:**

a) Kuumenna öljy isossa kattilassa keskilämmöllä. Lisää sinapinsiemenet ja kumina. Sekoita usein kypsennyksen aikana minuutin ajan, kunnes sinapinsiemenet alkavat poksahtaa.

b) Lisää sipuli ja mausta suolalla. Sekoita usein kypsennyksen aikana 5-7 minuuttia, kunnes sipuli alkaa pehmetä. Lisää inkivääri ja valkosipuli.

c) Sekoita kypsennyksen aikana 1-2 minuuttia, kunnes se tuoksuu. Lisää ja sekoita joukkoon garam masala

(valinnainen), cayenne ja kurkuma.
Mausta halutessasi.

d) Lisää kikherneet, ruusukaali ja bataatit. Mausta halutessasi. Lisää 2/3 kupillista vettä ja kookosmaitoa ja sekoita. Kiehauta. Vähennä lämpöä kiehumaan.

e) Keitä 18-20 minuuttia, kunnes vihannekset ovat kypsiä. Sekoita joukkoon taatelit. Jätä kattila ilman kantta ja anna hautua vielä 3-4 minuuttia. Tarjoile kreikkalaisen jogurtin kanssa.

# 3. Thai-tyylinen kasviscurry

Tekee 6 annosta

**ainesosat:**

- 1 x 8,8 unssin pakkaus Spaghetti Rice Thin
- 1 rkl öljyä, seesamia
- 2 ruokalusikallista currytahnaa, punainen
- 1 kuppi kookosmaitoa, kevyt
- 1 x 32 unssia. laatikko kasvislientä tai vähän natriumia sisältävää kanalientä
- 1 rkl kalakastiketta tai vähänatriumista soijakastiketta
- 1 x 14 unssia. paketti valutettu, kuutioitu kiinteä tofu
- 1 x 8 & 3/4-oz. tölkki valutettu, puolitettu vauvamaissi, kokonaisena
- 1 x 5 unssia tölkki valutettuja bambunversoja

- 1 ja 1/2 kuppia tuoreita, hienonnettuja sieniä

- 1/2"-raidallinen keskipunainen paprika

- Haluttaessa tuoreita revittyjä basilikan lehtiä

- Tuoreet limettiviipaleet halutessasi

**Reittiohjeet:**

a) Valmista nuudelit pakkauksen ohjeen mukaan. Laita ne sivuun.

b) Kuumenna öljy keskilämmöllä suuressa kattilassa. Lisää currytahna ja keitä 1/2 minuuttia, kunnes tuoksuu. Vatkaa joukkoon kookosmaito vähitellen, kunnes se on hyvin sekoittunut. Lisää ja sekoita joukkoon soijakastike ja liemi. Kiehauta.

c) Lisää kasvikset ja tofu kattilaan. Keitä 3-5 minuuttia, kunnes vihannekset ovat kypsiä ja rapeita. Valuta nuudelit ja lisää seokseen.

d) Päälle yksittäiset annokset hienonnetulla basilikalla ja tarjoile halutessasi tuoreiden limettiviipaleilla.

## 4. Munakoiso- ja minttucurry

Tekee 4 annosta

**ainesosat:**

- 2 ruokalusikallista kookosöljyä
- 1 tl sinapinsiemeniä
- 1 tl kuminan siemeniä
- 3 hienonnettua valkosipulinkynttä
- 1 rkl tuoretta, hienonnettuna inkivääriä
- 1 keskikokoinen sipuli, hienonnettuna
- Merisuolaa halutessasi
- 1 tl kurkumaa, jauhettu
- 1 ripaus cayennepippuria
- 2 raastettua tomaattia, iso - säästä mehu
- 5 kuppia 1/2" kuutioitua munakoisoa
- 1 ja 1/4 kuppia kikherneitä, valutettu ja keitetty

- 4 rkl jalapeñoja hienoksi pilkottuna
- 1 hienoksi silpputtu salottisipuli
- 1 rkl limen mehua, tuore + ylimääräinen tarjoiluun
- 1 tl puhdasta hunajaa
- 2 rkl makeuttamatonta kookosta, hiutaleina
- 1 kuppi mintunlehtiä, karkeasti pilkottuna
- 1/4 kuppia korianterinlehtiä, karkeasti hienonnettuna
- Rouhi pippuri halutessasi
- Tarjoilu: jogurtti

**Reittiohjeet:**

a) Kuumenna öljy isossa pannussa keskilämmöllä. Lisää sinapinsiemenet ja kumina. Keitä 1/2 minuuttia ja lisää inkivääri ja valkosipulia.

b) Sekoita 1-2 minuuttia, kunnes valkosipuli alkaa ruskeaa, lisää sitten sipuli ja suola maun mukaan. Sekoita usein kypsennyksen aikana 4-5 minuuttia, kunnes sipulit ovat pehmeitä.

c) Lisää ja sekoita joukkoon cayennepippuri ja kurkuma. Lisää tomaatit mehuineen. Lisää 1/4 kupillista vettä, 1 hyppysellinen suolaa, kikherneitä ja munakoisoa. Sekoita ja vähennä sitten lämpöä keski-matalaksi. Peitä astia. Hauduta 14-16 minuuttia, kunnes munakoiso on pehmeää.

d) Ota kattila pois lämmöltä. Lisää jalapeñot, hunaja, salottisipuli ja limetin mehu. Lisää minttu, kookos ja korianteri.

e) Mausta halutessasi. Valuta jogurtilla ja tarjoile.

## 5. Thaimaan keltainen kasviscurry

Tekee 6 annosta

**ainesosat:**

- 8 vihreää chiliä
- 5 punaista aasialaista salottisipulia hienonnettuna
- 2 valkosipulinkynttä murskattuna
- 1 rkl hienonnettua korianterin vartta ja juuria
- 1 sitruunaruohon varsi, vain valkoinen osa, hienonnettuna
- 2 rkl hienonnettua galangalia
- 1 tl jauhettua korianteria
- 1 tl jauhettua kuminaa
- 1 tl jauhettua kurkumaa
- 1 tl mustapippuria
- 1 rkl limen mehua

- 3 ruokalusikallista öljyä 1 sipuli hienonnettuna

- 200 g (7 unssia) yleisperunoita kuutioituna

- 200 g (7 unssia) kesäkurpitsaa (kurpitsaa), kuutioituna

- 150 g (5½ unssia) paprikaa (pippuria) kuutioituna

- 100 g (3½ unssia) puolitettuja härkäpapuja, hienonnettu

- 50 g (1¾ unssia) bambunversoja hienonnettuna

- 250 ml (9 unssia/1 kuppi) kasvislientä

- 400 ml (14 oz) kookoskermaa thaibasilikaa tarjoiluun


**Reittiohjeet:**

a) Laita kaikki currytahnan ainekset monitoimikoneeseen tai huhmareen ja survimeen ja käsittele tai jauha ne tasaiseksi tahnaksi.

b) Kuumenna öljy isossa kattilassa, lisää sipuli ja paista keskilämmöllä 4-5 minuuttia tai kunnes se pehmenee ja vain kullanruskea. Lisää 2 ruokalusikallista valmistettua keltaista currytahnaa ja keitä sekoittaen 2 minuuttia tai kunnes tuoksuu.

c) Lisää kaikki vihannekset ja keitä korkealla lämmöllä sekoittaen 2 minuuttia. Kaada joukkoon kasvisliemi, vähennä lämpöä ja keitä kannen alla 15-20 minuuttia tai kunnes vihannekset ovat kypsiä. Keitä kannen alla korkealla lämmöllä 5-10 minuuttia tai kunnes kastike on hieman haihtunut.

d) Sekoita joukkoon kookoskerma ja mausta suolalla maun mukaan. Kuumenna kiehuvaksi sekoittaen usein, vähennä sitten lämpöä ja keitä 5 minuuttia. Koristele thaibasilikan lehdillä.

## 6. Sipuli Bhaji Curry

Tekee 4 annosta


ainesosat:

- 2 ruokalusikallista voita

- 1 tl raastettua inkivääriä

- 2 valkosipulinkynttä murskattuna

- 425 g (15 unssia) purkitettuja murskattuja tomaatteja

- 1 tl jauhettua kurkumaa

- $\frac{1}{2}$ tl chilijauhetta

- $1\frac{1}{2}$ tl jauhettua kuminaa

- 1 tl jauhettua korianteria

- $1\frac{1}{2}$ rkl garam masalaa

- 250 ml (9 unssia/1 kuppi) raskasta kermaa (vatkaukseen).

- hienonnettuja korianterinlehtiä

- 125 g ($4\frac{1}{2}$ unssia/$1\frac{1}{4}$ kuppia) kikhernejauhoja

- 1 tl jauhettua kurkumaa
- ½ tl chilijauhetta
- 1 tl asafoetidaa
- 1 sipuli, hienoksi pilkottuna
- öljyä syväpaistamiseen

**Reittiohjeet:**

a) Kuumenna öljy pannulla, lisää inkivääri ja valkosipuli ja keitä 2 minuuttia tai kunnes tuoksuvat. Lisää tomaatti, kurkuma, chilijauhe, kumina, korianteri ja 250 ml (9 unssia/1 kuppi) vettä. Kuumenna kiehuvaksi, alenna sitten lämpöä ja keitä 5 minuuttia tai kunnes se on hieman paksuuntunut.

b) Lisää garam masala, sekoita joukkoon kerma ja keitä 1-2 minuuttia. Poista lämmöltä.

c) Valmista bhajis sekoittamalla besan, kurkuma, chili ja asafoetida 125 ml:aan vettä ja suolaa maun mukaan. Vatkaa tasaiseksi taikinaksi ja sekoita joukkoon sipulit.

d) Täytä syvä, paksupohjainen kattila kolmanneksella öljyllä ja kuumenna 160 °C:seen (315 °F) tai kunnes öljyyn pudonnut leipäkuutio ruskistuu 30 sekunnissa.

e) Lisää ruokalusikallinen sipuliseosta erissä ja keitä 1-2 minuuttia tai kunnes kullanruskea on kauttaaltaan. Valuta sitten talouspaperilla. Kaada kastike bhajien päälle ja koristele korianterinlehdillä.

## 7. Pinaattikoftas jogurttikastikkeessa

Tekee 4 annosta

ainesosat:

- 375 g (13 unssia/1½ kuppia) tavallista jogurttia

- 35 g (1¼ unssia / 1/3 kuppi) kikhernejauhoja

- 1 ruokalusikallinen voita

- 2 ruokalusikallista mustasinapinsiemeniä

- 1 tl sarviapilan siemeniä

- 6 curry-lomaa

- 1 iso sipuli, hienonnettuna

- 3 valkosipulinkynttä murskattuna

- 1 tl jauhettua kurkumaa

- ½ tl chilijauhetta

**Kömpelö**

- 450 g (1 lb/1 nippu) englantilaista pinaattia

- 170 g (6 unssia/1½ kuppia) kikhernejauhoja

- 1 punasipuli, hienonnettuna

- 1 kypsä tomaatti hienonnettuna

- 2 valkosipulinkynttä murskattuna

- 1 tl jauhettua kuminaa

- 2 ruokalusikallista korianterinlehtiä

- öljyä syväpaistamiseen

**Reittiohjeet:**

a) Valmista jogurttikastike vatkaamalla jogurtti, besaani ja 750 ml (26 unssia/3 kuppia) vettä kulhossa tasaiseksi vaahdoksi. Kuumenna öljy kattilassa tai syvässä paistinpannussa miedolla lämmöllä.

b) Lisää sinapin ja sarviapilan siemenet sekä currylehdet, peitä ja anna siementen poksahtaa 1 minuutti.

c) Lisää sipuli ja paista 5 minuuttia tai kunnes se pehmenee ja alkaa ruskea.

d) Lisää valkosipuli ja sekoita 1 minuutti tai kunnes se on pehmennyt. Lisää kurkuma ja chilijauhe ja sekoita 30 sekuntia. Lisää jogurtiseos, kiehauta ja keitä 10 minuuttia.

e) Pinaattikoftien valmistamiseksi keitä pinaattia kiehuvassa vedessä 1 minuutin ajan ja viritä kylmässä vedessä. Valuta, purista ylimääräinen vesi pois laittamalla pinaatti siivilään ja painamalla sitä reunoja vasten lusikalla. Hienonna pinaatti hienoksi.

f) Sekoita muiden kofta-ainesten ja enintään 3 ruokalusikallisen veden kanssa vähän kerrallaan lisäämällä niin paljon, että seoksesta tulee pehmeä, mutta ei juoksevaa. Jos siitä tulee liian löysää, lisää besaania. Muotoile seoksesta palloja pyörittelemällä niitä kostutetuin käsin käyttäen kullekin noin 1 ruokalusikallinen seosta. Kofteja pitäisi olla 12.

g) Täytä syvä pannu kolmanneksella öljyllä ja kuumenna 180°C (350°F) tai kunnes leipäkuutio ruskeaa 15 sekunnissa. Pudota kofta öljyyn annoksissa ja paista kullanruskeaksi ja rapeaksi. Älä täytä pannua liikaa.

h) Poista koftat kypsennyksen aikana, ravista ylimääräinen öljy pois ja lisää ne jogurttikastikkeeseen. Kuumenna jogurttikastike varovasti, koristele korianterinlehdillä ja tarjoile.

## 8. Sri Lankan munakoisocurry

Tekee 6 annosta

**ainesosat:**

- 1 tl jauhettua kurkumaa
- 12 ohutta munakoisoa (munakoisoa), leikattu 4 cm:n ($1\frac{1}{2}$ tuuman) ympyröiksi
- öljyä syväpaistamiseen
- 2 sipulia, hienonnettuna
- 2 rkl Sri Lankan curryjauhetta
- 2 valkosipulinkynttä murskattuna
- 8 currylehteä karkeasti hienonnettuna sekä ylimääräisiä kokonaisia lehtiä koristeeksi
- $\frac{1}{2}$ tl chilijauhetta
- 250 ml (9 unssia/1 kuppi) kookoskermaa

**Reittiohjeet:**

a) Sekoita puolet jauhetusta kurkumasta 1 teelusikalliseen suolaa ja hiero munakoisoon varmistaen, että leikatut pinnat ovat hyvin päällystettyjä. Laita siivilä ja jätä 1 tunti. Huuhtele hyvin ja aseta ryppyiselle talouspaperille poistaaksesi ylimääräinen kosteus.

b) Täytä syvä, paksupohjainen kattila kolmanneksella öljyllä ja kuumenna 180° C (350° F ) tai kunnes öljyyn pudonnut leipäkuutio ruskeaa 15 sekunnissa. Kypsennä munakoisoa erissä 1 minuutti tai kunnes ne ovat kullanruskeita. Valuta ryppyisen talouspaperin päällä.

c) Kuumenna ylimääräinen öljy isossa kattilassa, lisää sipuli ja paista keskilämmöllä 5 minuuttia tai kunnes se on ruskea.

d) Lisää curryjauhe, valkosipuli, currylehdet, chilijauhe, munakoiso ja loput kurkuma pannulle ja keitä 2 minuuttia. Sekoita joukkoon kookoskerma ja 250 ml (9 oz/1 kuppi) vettä ja mausta suolalla maun mukaan.

e) Alenna lämpöä ja hauduta 3 minuuttia tai kunnes munakoiso on kypsää ja kastike hieman paksuuntunut. Koristele ylimääräisillä currylehdillä.

## 9. Kuuma ja hapan munakoisocurry

Tekee 4 annosta

**ainesosat:**

- 1 iso (noin 500 g / 1 lb 2 unssi ) munakoiso (munakoiso)

- 2 pientä tomaattia

- 2 ruokalusikallista voita

- 3 ruokalusikallista sarviapilan siemeniä

- 3 ruokalusikallista fenkolin siemeniä

- 4 valkosipulinkynttä murskattuna

- 1 iso sipuli, hienonnettuna

- 4 currylehteä

- $1\frac{1}{2}$ rkl jauhettua korianteria

- 2 ruokalusikallista kurkumaa

- 125 ml (4 unssia/$\frac{1}{2}$ kuppi) tomaattimehua

- 2 rkl tamarindipyreetä

- 2 punaista chiliä hienoksi pilkottuna

- 125 ml (4 unssia/½ kuppi) kookoskermaa
- 1 kourallinen korianterinlehtiä hienonnettuna

**Reittiohjeet:**

a) Leikkaa munakoiso 2 cm:n (¾ tuuman) kuutioiksi. Ripottele päälle ½ tl suolaa ja anna vetäytyä 1 tunniksi. Valuta ja huuhtele.

b) Leikkaa tomaatit karkeiksi kuutioiksi. Kuumenna öljy raskaassa kattilassa keskilämmöllä. Lisää fenkolin ja fenkolin siemenet. Kun ne alkavat rätiseä, lisää valkosipuli, sipuli ja currylehdet ja keitä 3-5 minuuttia tai kunnes sipuli on läpikuultava.

c) Lisää munakoiso ja paista sekoitellen 6 minuuttia tai kunnes se alkaa pehmetä. Lisää jauhetut mausteet, tomaatit, tomaattimehu, tamarindi ja hienonnettu tuore chili.

d) Kuumenna kiehuvaksi, alenna kiehuvaksi, peitä kansi ja jatka keittämistä noin 35 minuuttia tai kunnes munakoiso on hyvin mureaa. Sekoita joukkoon kookoskerma ja korianteri ja mausta maun mukaan.

## 10. Pu mpkin ja pinaatticurry

Tekee 6 annosta

**ainesosat:**

- 3 kynttilää
- 1 rkl raakoja maapähkinöitä
- 3 punaista aasialaista salottisipulia hienonnettuna
- 2 valkosipulinkynttä
- 2-3 tl sambal oelekia
- 1 tl jauhettua kurkumaa
- 1 tl raastettua galangalia
- 2 ruokalusikallista voita
- 1 sipuli, hienoksi pilkottuna
- 600 g (1 lb 5 unssia) kurpitsaa, leikattu 2 cm:n ($\frac{3}{4}$ tuuman) kuutioiksi
- 125 ml (4 unssia/$\frac{1}{2}$ kuppi) kasvislientä
- 350 g (12 unssia) englantilaista pinaattia karkeasti pilkottuna

- 400 ml (14 unssia) kookoskermaa
- 1 tl sokeria

**Reittiohjeet:**

a) Laita kaikki currytahnan ainekset monitoimikoneeseen tai huhmareen ja survimeen ja käsittele tai jauha ne tasaiseksi tahnaksi.

b) Kuumenna öljy isossa kattilassa, lisää currytahna ja keitä miedolla lämmöllä 3-5 minuuttia tai kunnes tuoksuu. Lisää sipuli ja paista vielä 5 minuuttia tai kunnes se pehmenee.

c) Lisää kurpitsa ja puolet kasvisliemestä ja keitä peitettynä 10 minuuttia tai kunnes kurpitsa on melkein kypsää. Lisää massaa tarpeen mukaan.

d) Lisää pinaatti, kookoskerma ja sokeri ja mausta suolalla. Kuumenna kiehuvaksi koko ajan sekoittaen, alenna sitten lämpöä ja keitä 3-5 minuuttia tai kunnes pinaatti on kypsää ja kastike hieman paksuuntunut. Tarjoile heti.

# KALA- JA ÄÄREÄIVÄT curry

## 11. Simpukkakatkarapu Curry

Tekee 3 annosta

ainesosat:

- 2/3 dl kookosmaitoa, kevyt
- 1 ja 1/2 tl curryjauhetta
- 1 rkl pullotettua kalakastiketta
- 1 tl ruskeaa sokeria
- 1/4 tl merisuolaa
- 1/4 tl mustapippuria
- 1 lb kuorittuja suuria, raakoja katkarapuja
- 1 keskikokoinen punainen paprika hienoksi pilkottuna
- 2 hienonnettua vihreää sipulia
- 1/4 kuppia tuoretta, jauhettua korianteria

Tarjoilla:

- Keitetty jasmiiniriisi, lämmitetty halutessasi

- Lime-viipaleet, valinnainen

**Reittiohjeet:**

a) Yhdistä 6 ensimmäistä ainesosaa pienessä kulhossa. Paista katkarapuja pannulla 2 ruokalusikallisessa juuri valmistamaasi kookosmaidoseosta, kunnes katkarapu muuttuu vaaleanpunaiseksi. Ota ne pois ja pidä lämpimänä.

b) Lisää pannulle loput kookosmaidosta ja kalakastikkeesta sekä paprikat ja sipulit. Kiehauta. Sekoita kypsennyksen aikana, kunnes vihannekset ovat kypsiä, 3-4 minuuttia. Lisää katkarapu ja sitten korianteri. Kuumenna kokonaan. Tarjoile riisin ja halutessasi limettiviipaleiden kanssa.

## 12. Pallas - kasviscurry

Tekee 4 annosta

ainesosat:

Currypohjalle:

- 2 rkl öljyä, oliiviöljyä
- 1 kuppi porkkanaa, hienonnettuna
- 1 kuppi selleriä, hienonnettuna
- 1 kuppi sipulia, hienonnettuna
- 1/4 kuppia hienonnettua inkivääriä, kuorittua
- 4 isoa, hienonnettua valkosipulinkynttä
- 3 rkl currytahnaa, thai-keltainen
- 4 kupillista porkkanamehua
- 1 kuppi purkitettua kookosmaitoa, makeuttamatonta
- 3 kupillista 1 tuuman kuutioituja vihannessekoituksia, kuten kurpitsaa, paprikaa

- Merisuolaa halutessasi
- Rouhi pippuri halutessasi

**Pallakselle:**

- 1/2 kuppia silputtuja manteleita
- 4 x 4 unssia Tyynenmeren pallaksen filee, nahaton
- Merisuolaa halutessasi
- 1 munanvalkuainen, iso
- 2 rkl öljyä, oliiviöljyä
- Tuoreita basilikan lehtiä halutessasi

**Reittiohjeet:**

a) Currypohjan valmistamista varten kuumenna öljy kattilassa keskilämmöllä. Lisää valkosipuli, inkivääri, sipuli, porkkanat ja selleri. Sekoita ajoittain kypsennyksen aikana 10-15 minuuttia, kunnes vihannekset ovat pehmeitä ja tuoksuvia.

b) Nosta lämpötaso keskikorkealle. Lisää currytahna. Sekoita keittäen 2-3 minuuttia, kunnes pasta alkaa karamellisoitua. Lisää porkkanamehu ja nosta lämpöä korkeaksi. Anna seoksen sitten kiehua. Vähennä lämpöä keskimatalaksi. Hauduta 15-20 minuuttia, kunnes mehut vähenevät puoleen.

c) Siivilöi curry siivilän läpi isoon kulhoon. Hävitä kiinteät aineet siiviltä. Kaada seos takaisin samaan keskikokoiseen kulhoon. Lisää kookosmaito ja kasvissekoitukset. Sekoita ajoittain kypsentäen keskilämmöllä 8-10 minuuttia, kunnes vihannekset ovat kypsiä. Mausta halutessasi.

d) Paistaa pallasta esilämmittämällä uuni 350 F. Jauha mantelit monitoimikoneessa jauhamatta tahnaksi. Siirrä matalaan leveään kulhoon. Mausta fileen kumpikin puoli merisuolalla. Vatkaa valkuaiset erillisessä, matalassa kulhossa vaahdoksi.

Kasta fileiden pinnat munanvalkuaiseen ennen kuin kastat ne manteleihin. Painele niin, että mantelit tarttuvat hyvin. Siirrä ne lautaselle nahkapuoli ylöspäin.

e) Kuumenna öljy uuninkestävässä pannussa keskilämmöllä. Laita kalat pannulle nahkapuoli alaspäin. Keitä 3–4 minuuttia, kunnes pähkinät ovat kullanruskeita. Käännä fileet ympäri. Siirrä pannu 350 F uuniin. Paista 4-5 minuuttia, kunnes kala on tuskin läpinäkymätöntä keskeltä.

f) Jaa currypohja yksittäisiin kulhoihin. Asettele fileet päälle ja koristele basilikalla ja tarjoile.

## 13. Midi Curry

Tekee 4 annosta

**ainesosat:**

- 2 rkl öljyä, kasvis

- 3 isoa purjoa hienonnettuna, huuhdeltuna ja valutettuna - vain vaaleanvihreät ja valkoiset osat

- Kosher-suolaa halutessasi

- Rouhi pippuri halutessasi

- 2 hienonnettua valkosipulinkynttä

- 1/2 tl curryjauhetta, madrasia

- 2 & 1/2 lbs. simpukoista - poista parta

- 1/2 kuppia purkitettua kookosmaitoa, makeuttamatonta

- Tarjoilu: 2 rkl korianterinlehtiä

**Reittiohjeet:**

a) Kuumenna öljy raskaassa, isossa kattilassa keskilämmöllä. Lisää purjo ja mausta maun mukaan. Sekoita usein kypsennyksen aikana 8-10 minuuttia, kunnes se on kypsää. Lisää curryjauhe ja valkosipuli. Sekoita kypsennyksen aikana 1-2 minuuttia, kunnes se tuoksuu.

b) Lisää kookosmaito, 1 ja 1/2 kupillista vettä ja simpukat. Kuumenna kiehuvaksi ja vähennä lämpö alhaiseksi. Peitä astia.

c) Keitä 5-7 minuuttia, kunnes simpukat avautuvat. Hävitä avaamattomat simpukat. Päälle korianteria ja tarjoile.

## 14. Sitruunaruoho ja katkarapu curry

Tekee 4 annosta

**ainesosat:**

- 1 iso salottisipuli karkeasti hienonnettuna

- 5 murskattua valkosipulinkynttä

- 2 oksaa sitruunaruohoa - hienonna vaaleanvihreät osat ja sipulit 1" pala kuorittua ja hienonnettua inkivääriä

- 1 siementetty, hienonnettu jalapenopippuri

- 1 tl korianteria, jauhettu

- 1/2 tl kuminaa, jauhettu

- 1/2 kuppia korianterinlehtiä ja herkkiä varsia + ylimääräistä tarjoilua varten

- 2 rkl öljyä, kasvis

- 2 rkl misoa, valkoista

- 2 rkl sokeria, vaaleanruskea

- 1 x 13 & 1/2 unssia. tölkki kookosmaitoa, makeuttamatonta

- Kosher suolaa ja jauhettua mustapippuria halutessasi

- 1 lb suuria kuorittuja ja leikattuja katkarapuja

- 2 rkl limetin mehua, tuoretta

- Tarjoile: kuumaa riisiä ja viipaloitua limeä

**Reittiohjeet:**

a) Käsittele valkosipulia, salottisipulia, inkivääriä, sitruunaruohoa, kuminaa, korianteria, jalapeñoa, 1 rkl öljyä ja 1/2 kupillista korianteria monitoimikoneessa, kunnes saat tasaisen tahnan.

b) Kuumenna viimeinen 1 ruokalusikallinen öljyä pannulla keskilämmöllä. Sekoita pastaa jatkuvasti keittäen 5-7 minuuttia, kunnes se tuoksuu.

c) Sekoita sokerin ja mison kanssa. Vatkaa joukkoon 1/2 kupillista vettä ja kookosmaitoa. Anna kiehua. Mausta halutessasi. Vähennä lämpöä ja hauduta currya välillä sekoittaen, kunnes maut pehmenevät ja yhdistyvät, 20-25 minuuttia.

d) Lisää katkaravut curryyn. Hauduta 3-4 minuuttia, kunnes se on melkein kypsää. Ota pannu pois lämmöltä. Sekoita limen mehu curryyn.

e) Jaa riisi erillisiin kulhoihin ja kaada päälle lusikallinen currya. Päälle korianteria. Tarjoile tuoreiden limettiviipaleiden kanssa.

## 15. Punainen kala curry

Tekee 4 annosta

**ainesosat:**

- 1 salottisipuli, iso
- 6 valkosipulinkynttä
- 1 x 2" kuorittu, viipaloitu inkivääripala
- 2 rkl öljyä, kasvis
- 2 ruokalusikallista currytahnaa, punainen
- 2 ruokalusikallista jauhettua kurkumaa
- 1 ja 1/2 kuppia kokonaisia, purkitettuja, kuorittuja tomaatteja + 15 unssia mehua
- 1 x 13 & 1/2 unssia. tölkki kookosmaitoa, makeuttamatonta
- Kosher-suolaa halutessasi
- 1 lb sekoitettuja vihanneksia, leikattu 1 tuumaan, kuten porkkanaa, kukkakaalia
- 1 lb 2 tuuman paloja turskasta tai pallasta – poista iho

- Tarjoilu: riisinuudelit, keitetyt, limettiviipaleet ja korianterinlehtiä, valinnainen

**Reittiohjeet:**

a) Hienonna salottisipuli, inkivääri ja valkosipuli monitoimikoneessa. Kuumenna öljy isossa pannussa keskilämmöllä. Lisää salottisipuli seos pannulle. Sekoita usein kypsennyksen aikana 4-5 minuuttia, kunnes se on kullanruskea.

b) Lisää kurkuma ja currytahna. Sekoita kypsennyksen aikana 3-4 minuuttia, kunnes seos alkaa tarttua pannuun ja tummua. Murskaa tomaatit ja lisää ne mehuineen. Sekoita usein kypsennyksen aikana ja kaavi ruskistettuja paloja 4-5 minuuttia, kunnes tomaatit alkavat hajota ja tarttua pannuun.

c) Sekoita joukkoon kookosmaito. Mausta halutessasi. Sekoita välillä, kun se kiehuu 8-10 minuuttia, kunnes maut ovat sekoittuneet ja seos on hieman paksuuntunut. Lisää vihannekset.

d) Lisää vettä sen verran, että kasvikset peittyvät. Anna kiehua. Sekoita ajoittain kypsennyksen aikana 8-10 minuuttia, kunnes vihannekset ovat rapeita.

e) Mausta kala halutessasi. Laita se curryyn. Palauta curry kiehumaan. Keitä 5-6 minuuttia, kunnes kala on täysin kypsää. Laita curry nuudeleiden päälle. Päälle tuoretta limettiä ja korianteria. Palvella.

## 16. Kala ja maapähkinä curry

Tekee 6 annosta

**ainesosat:**

- 50 g (1¾ oz/1/3 kuppi) seesaminsiemeniä
- 1 tl chilipippuria
- ¼ tl jauhettua kurkumaa
- 1 rkl kuivattua kookosta
- 2 rkl jauhettua korianteria
- 1 tl jauhettua kuminaa
- 40 g rapeaksi paistettua sipulia
- 5 cm (2 tuuman) pala inkivääriä hienonnettuna
- 2 valkosipulinkynttä, jauhettu
- 3 rkl tamarindipyreetä
- 1 ruokalusikallinen rapeaa maapähkinävoita
- 1 rkl paahdettuja maapähkinöitä

- 8 currylehteä, plus tarjoilua varten

- 1 kg (2 lb 4 unssia) kiinteitä siikafileitä, nahattomia, leikattu 2 cm:n ($\frac{3}{4}$ tuuman) kuutioiksi

- 1 ruokalusikallinen sitruunamehua

**Reittiohjeet:**

a) Laita seesaminsiemenet raskaaseen paistinpannuun keskilämmölle ja paista kullanruskeiksi. Lisää cayennepippuri, kurkuma, kookos, jauhettu korianteri ja jauhettu kumina ja sekoita vielä minuutti tai kunnes tuoksuvat. Laita sivuun jäähtymään.

b) Laita paistettu sipuli, inkivääri, valkosipuli, tamarindi, 1 tl suolaa, maapähkinävoita, paahdetut maapähkinät, seesamimausteseos ja 500 ml (17 unssia/2 kuppia) kuumaa vettä monitoimikoneeseen ja käsittele, kunnes seos on tasaista, paksua. johdonmukaisuus.

c) Laita kastike ja currylehdet raskaaseen kattilaan keskilämmölle ja kiehauta. Peitä ja hauduta 15 minuuttia, lisää sitten kala yhtenä kerroksena.

d) Hauduta kannen alla vielä 5 minuuttia tai kunnes kala on kypsää. Sekoita joukkoon sitruunamehu varovasti ja mausta maultaan hyvä. Koristele currylehdillä ja tarjoile.

## 17. Kampasimpukka ja katkarapu chu chi

Tekee 4 annosta

**ainesosat:**

- 10 pitkää punaista chiliä, kuivattu
- 1 tl korianterin siemeniä
- 1 ruokalusikallinen katkaraputahnaa
- 1 rkl valkopippuria
- 10 kaffir-limetinlehteä hienoksi raastettuna
- 10 punaista aasialaista salottisipulia hienonnettuna
- 2 rkl hienoksi raastettua kaffirlimetin kuorta
- 1 rkl hienonnettua korianterin varsia ja juuria, hienonnettuna
- 1 sitruunaruohon varsi, vain valkoinen osa, hienonnettuna
- 3 rkl hienonnettua galangalia

- 6 valkosipulinkynttä murskattuna

- 540 ml (18½ oz) purkitettua kookoskermaa

- 500 g (1 lb 2 unssia) kampasimpukoita, joista kaviaari on poistettu

- 500 g (1 lb 2oz) raakoja jättikatkarapuja (katkarapuja), kuorittuja, murskattuja, häntää koskemattomina

- 2-3 ruokalusikallista kalakastiketta

- 2-3 rkl palmusokeria (jaggery)

- 8 kaffir-limetinlehteä hienoksi raastettuna

- 2 punaista chiliä ohuiksi viipaleina

- 1 iso kourallinen thaibasilikaa

**Reittiohjeet:**

a) Liota chiliä kiehuvassa vedessä 5 minuuttia tai kunnes ne ovat kypsiä. Poista kanta ja siemenet ja hienonna. Kuivapaista korianterin siemeniä, folioon käärittyjä katkaraputahnaa ja pippureita pannulla keskilämmöllä 2-3 minuuttia tai kunnes tuoksuvat.

b) Anna jäähtyä. Murskaa tai jauha korianteri ja mustapippuri jauheeksi morttelilla tai maustemyllyllä.

c) Laita hienonnetut chilit, katkaraputahna ja jauhettu korianteri ja pippurit muiden currytahnan ainesten kanssa monitoimikoneeseen tai huhmareen ja survimeen ja jauha tai jauha tasaiseksi tahnaksi.

d) Laita paksu kookoskerma muottien päältä kattilaan, kiehauta keskilämmöllä välillä sekoittaen ja keitä 5-10 minuuttia tai kunnes seos "halkeaa" (voi alkaa erottua).

e) Sekoita joukkoon 3 ruokalusikallista currytahnaa, vähennä lämpöä ja keitä 10 minuuttia tai kunnes tuoksuu.

f) Sekoita joukkoon jäljellä oleva kookoskerma, simpukat ja katkaravut ja keitä 5 minuuttia tai kunnes ne ovat kypsiä. Lisää kalakastike, palmusokeri, kaffir-limetin lehdet ja chili ja keitä 1 minuutti. Sekoita joukkoon puolet thaibasilikasta ja koristele lopuilla lehdillä.

## 18. Mausteinen katkarapu

Tekee 4 annosta

**ainesosat:**

- 1 kg (2 lb 4 unssia) raakoja katkarapuja, kuorittu, uurrettu, pyrstö ehjä
- 1 tl jauhettua kurkumaa
- 3 ruokalusikallista voita
- 2 sipulia, hienonnettuna
- 4-6 valkosipulinkynttä murskattuna
- 1-2 vihreää chiliä, siemenet, hienonnettu
- 2 rkl jauhettua kuminaa
- 2 rkl jauhettua korianteria
- 1 tl punaista paprikaa
- 90 g (3½ unssia/1/3 kuppia) tavallista jogurttia
- 80 ml (2½ unssia/1/3 kuppia) raskasta (vaahtoavaa) kermaa

- 1 iso kourallinen korianterinlehtiä hienonnettuna

**Reittiohjeet:**

a) Kiehauta 1 litra (35 unssia/4 kuppia) vettä kattilassa. Lisää varatut katkarapujen kuoret ja päät, alenna lämpöä ja keitä 2 minuuttia.

b) Poista pinnalle kypsennyksen aikana muodostunut vaahto. Siivilöi, poista kuoret ja päät ja kaada neste takaisin pannulle. Tarvitset noin 750 ml (26 unssia/3 kuppia) nestettä (täytä tarvittaessa vettä).

c) Lisää kurkuma ja kuoritut katkaravut ja keitä 1 minuutti tai kunnes katkaravut muuttuvat vaaleanpunaisiksi ja poista sitten. Pidä varastossa.

d) Kuumenna öljy isossa kattilassa. Lisää sipuli ja paista keskilämmöllä sekoittaen 8 minuuttia tai kunnes se on kevyesti kullanruskea. Lisää valkosipuli ja chili ja keitä 1-2 minuuttia, lisää sitten kumina, korianteri ja paprika ja keitä sekoittaen 1-2 minuuttia tai kunnes tuoksuvat.

e) Lisää vähitellen varattu liemi, kuumenna kiehuvaksi ja keitä välillä sekoittaen 30-35 minuuttia tai kunnes seos on puolittunut ja lihavoitu.

f) Ota pois lämmöltä ja sekoita joukkoon jogurtti. Lisää katkaravut ja paista miedolla lämmöllä 2-3 minuuttia tai kunnes katkaravut ovat lämmenneet. Älä keitä.

g) Sekoita joukkoon kerma ja korianterinlehdet. Peitä ja anna maustua 15 minuuttia, jotta maut imeytyvät. Kuumenna varovasti ja tarjoile.

## 19. Kala curryssa jogurtin kanssa

Tekee 4 annosta

**ainesosat:**

- 1 kg (2 lb 4 unssia) kiinteitä nahkaisia valkoisia kalafileitä
- 3 ruokalusikallista voita
- 1 sipuli, jauhettu
- 2 ruokalusikallista hienonnettua inkivääriä
- 6 valkosipulinkynttä murskattuna
- 1 tl jauhettua kuminaa
- 2 rkl jauhettua korianteria
- 1 tl jauhettua kurkumaa
- 1 tl garam masalaa
- 185 g (6½ oz/¾ kuppi) kreikkalaistyylistä jogurttia

- 4 pitkää vihreää chiliä, siemenet poistettu, hienonnettu korianterinlehti tarjoilua varten

**Reittiohjeet:**

a) Leikkaa jokainen kalafile neljään osaan ja kuivaa ne huolellisesti. Kuumenna öljy isossa paistinpannussa miedolla lämmöllä ja kuullota sipuli pehmeäksi ja hieman ruskeaksi.

b) Lisää inkivääri, valkosipuli ja mausteet ja sekoita 2 minuuttia. Lisää jogurtti ja vihreä chili ja kuumenna kiehuvaksi, peitä ja hauduta 10 minuuttia.

c) Liu'uta kalapalat joukkoon ja jatka hauduttamista 10-12 minuuttia tai kunnes kala hiutalee helposti ja on kypsää. Älä ylikypsennä tai kalasta vapautuu nestettä ja kastike halkeilee.

d) Koristele korianterinlehdillä ja tarjoile heti. Jos annat astian jäähtyä, kalasta

saattaa vapautua nestettä ja
kastikkeesta tulee juoksevampaa.

## 20. Jungle Curry -katkarapuja

Tekee 6 annosta

**ainesosat:**

- 10-12 kuivattua punaista chiliä
- 1 tl valkopippuria
- 4 punaista aasialaista salottisipulia
- 4 valkosipulinkynttä
- 1 sitruunaruohon varsi, vain valkoinen osa, hienonnettuna
- 1 rkl hienonnettua galangalia
- 2 korianterin juurta
- 1 rkl hienoksi pilkottua inkivääriä
- 1 rkl kuivaa paahdettua katkaraputahnaa
- 1 ruokalusikallinen maapähkinävoita
- 1 valkosipulinkynsi murskattuna
- 1 rkl kalakastiketta

- 30 g (1 unssi/¼ kuppi) jauhettuja kynttilöitä

- 300 ml (10½ oz) kalalientä

- 1 ruokalusikallinen viskiä

- 3 kaffirlimetinlehteä, revitty

- 600 g (1 lb 5oz) raakoja katkarapuja (katkarapuja), kuorittuja ja murskattuja, häntät ehjät

- 1 pieni porkkana pituussuunnassa neljään osaan, ohuiksi viipaleina vinosti

- 150 g (5½ unssia) käärmepapuja (jaardin pituisia), leikattu 2 cm:n pituisiksi

- 50 g (1¾ oz/¼ kuppi) bambunversoja

- Thai basilika tarjoiluksi

**Reittiohjeet:**

a) Liota chiliä kiehuvassa vedessä 5 minuuttia tai kunnes ne ovat kypsiä. Poista kanta ja siemenet ja hienonna.

Laita chilit ja loput currytahnan ainekset monitoimikoneeseen tai huhmareen ja survimeen ja käsittele tai jauha ne tasaiseksi tahnaksi. Lisää hieman vettä, jos se on liian paksua.

b) Kuumenna wok-pannu keskilämmöllä, lisää öljy ja kääntele peitoksi. Lisää valkosipuli ja 3 ruokalusikallista currytahnaa ja keitä sekoittaen 5 minuuttia. Lisää kalakastike, jauhetut kynttilät, kalaliemi, viski, kaffir-limen lehdet, katkarapu, porkkana, härkäpavut ja bambunversot.

c) Kuumenna kiehuvaksi, alenna sitten lämpöä ja keitä 5 minuuttia tai kunnes katkaravut ja vihannekset ovat kypsiä. Päälle thaibasilikaa ja tarjoile.

## 21. Calamari currylla

Tekee 4 annosta

**ainesosat:**

- 1 kg (2 lb 4 unssia) kalmaria
- 1 tl kuminan siemeniä
- 1 tl korianterin siemeniä
- 1 tl chilijauhetta
- 1 tl jauhettua kurkumaa
- 2 ruokalusikallista voita
- 1 sipuli, hienoksi pilkottuna
- 10 currylehteä, plus koristeeksi
- 1 tl sarviapilan siemeniä
- 4 valkosipulinkynttä murskattuna
- 7cm (2¾in) pala inkivääriä, raastettuna
- 100 ml (3½ oz) kookoskermaa
- 3 rkl limetin mehua

**Reittiohjeet:**

a) Vedä kalmarien päät ja lonkerot pois niiden ruumiista sekä kaikki sisäelimet ja heitä pois. Kuori nahat. Huuhtele rungot hyvin irrottamalla läpinäkyvät höyhenet ja leikkaa sitten ruumiit 2,5 cm:n (1 tuuman) renkaiksi.

b) Kuivapaahda kuminaa ja korianterin siemeniä pannulla keskilämmöllä tai korkealla lämmöllä 2-3 minuuttia tai kunnes tuoksuvat. Anna jäähtyä. Murskaa tai jauha jauheeksi morttelilla ja survimella tai maustemyllyllä. Sekoita jauhettu kumina ja korianteri chilijauheen ja jauhetun kurkuman kanssa. Lisää kalmari ja sekoita hyvin.

c) Kuumenna öljy paksussa pannussa ja paista sipuli ruskeaksi. Lisää currylehdet, sarviapila, valkosipuli, inkivääri ja kookoskerma.

d) Kuumenna hitaasti kiehuvaksi. Lisää kalmari ja sekoita hyvin. Hauduta 2-3 minuuttia tai kunnes se on kypsää ja mureaa. Sekoita joukkoon limen mehu, mausta ja tarjoile currylehdillä koristeltuna.

## 22. Balilaista mereneläviä currya

Tekee 6 annosta

**ainesosat:**

- 1 ruokalusikallinen korianterin siemeniä
- 1 tl katkaraputahnaa
- tomaatit
- 5 punaista chiliä
- 5 valkosipulinkynttä murskattuna
- sitruunaruohon varret, vain valkoinen osa, hienonnettu
- 1 rkl jauhettuja manteleita
- $\frac{1}{4}$ tl jauhettua muskottipähkinää
- 1 tl jauhettua kurkumaa
- 60 g ($2\frac{1}{4}$ oz/$\frac{1}{4}$ kuppi) tamarindipyreetä
- 3 rkl limen mehua
- 250 g (9 unssia) kiinteitä nahattomia siikafileitä, leikattu 3 cm:n kuutioiksi

- 3 ruokalusikallista voita

- punasipuli, hienonnettuna

- punaista chiliä, siemenet, hienonnettu

- 400g (14oz), raakoja katkarapuja (katkarapuja), kuoritut ja murskatut, häntät ehjät

- 250 g (9 unssia) kalmaria leikattuna 1 cm:n ($\frac{1}{2}$ tuuman) renkaiksi.

- 125 ml (4 unssia/$\frac{1}{2}$ kuppi) kalalientä

- raastettua thaibasilikaa tarjoiluun

**Reittiohjeet:**

a) Paahda korianterin siemeniä ja folioon käärittyjä katkaraputahnaa pannulla keskilämmöllä 2-3 minuuttia tai kunnes tuoksuvat. Anna jäähtyä. Murskaa tai jauhaa korianterinsiemenet jauheeksi morttelilla ja survin tai maustemyllyllä.

b) Leikkaa tomaattien pohjaan risti, laita lämmönkestävään kulhoon ja peitä kiehuvalla vedellä. Anna vaikuttaa 30 sekuntia, siirrä sitten kylmään veteen ja kuori iho pois lanteesta.

c) Halkaise tomaatit ja kaavi siemenet. Hävitä siemenet ja hienonna tomaatin hedelmäliha karkeasti.

d) Laita murskatut korianterinsiemenet, katkaraputahna ja tomaatti muiden currytahnan ainesten kanssa monitoimikoneeseen tai huhmareen ja survimeen ja jauha tai jauha tasaiseksi tahnaksi.

e) Laita limen mehu kulhoon ja mausta suolalla ja vastajauhetulla pippurilla. Lisää kala, sekoita hyvin ja anna marinoitua 20 minuuttia.

f) Kuumenna öljy kattilassa tai wokissa, lisää sipuli, hienonnettu punainen chili ja currytahna ja keitä välillä sekoittaen miedolla lämmöllä 10 minuuttia tai kunnes tuoksuvat. Lisää kala ja katkaravut ja sekoita currytahna-seoksen peittämiseksi.

g) Keitä 3 minuuttia tai kunnes katkarapu muuttuu vaaleanpunaiseksi, lisää sitten kalmari ja keitä 1 minuutti.

h) Lisää liemi ja kuumenna kiehuvaksi, alenna sitten lämpöä ja hauduta 2 minuuttia tai kunnes merenelävät ovat kypsiä ja kypsiä. Mausta maun mukaan suolalla ja vastajauhetulla mustapippurilla.

i) Laita päälle silputut basilikan lehdet.

## 23. Goan kala curry

Tekee 6 annosta

**ainesosat:**

- 3 ruokalusikallista voita
- 1 iso sipuli, hienonnettuna
- 4-5 valkosipulinkynttä murskattuna
- 2 rkl raastettua inkivääriä
- 4-6 kuivattua punaista chiliä
- 1 ruokalusikallinen korianterin siemeniä
- 2 rkl kuminan siemeniä
- 1 tl jauhettua kurkumaa
- $\frac{1}{4}$ tl chilijauhetta
- 30 g (1 oz/1/3 kuppi) kuivattua kookosta
- 270 ml (9$\frac{1}{2}$ unssia) kookosmaitoa
- 2 tomaattia kuorittuna ja hienonnettuna
- 2 rkl tamarindipyreetä
- 1 rkl valkoviinietikkaa

- 6 currylehteä

- 1 kg (2 lb 4 unssia) kiinteitä siikafileitä, nahattomia, leikattu 8 cm:n (3¼ tuuman) paloiksi

**Reittiohjeet:**

a) Kuumenna öljy isossa kattilassa. Lisää sipuli ja keitä miedolla lämmöllä sekoittaen 10 minuuttia tai kunnes se on pehmennyt ja kullanruskea. Lisää valkosipuli ja inkivääri ja keitä vielä 2 minuuttia.

b) Paahda kuivattuja chiliä, korianterin siemeniä, kuminan siemeniä, jauhettua kurkumaa, chilijauhetta ja kuivattua kookosta pannulla keskilämmöllä 2-3 minuuttia tai kunnes tuoksuvat. Anna jäähtyä. Murskaa tai jauha jauheeksi morttelilla ja survimella tai maustemyllyllä.

c) Lisää mausteseos, kookosmaito, tomaatit, tamarindi, etikka ja currylehdet sipuliseokseen.

d) Sekoita hyvin, lisää 250 ml (9 unssia/1 kuppi) vettä ja keitä usein sekoittaen 10 minuuttia tai kunnes tomaatit ovat pehmeitä ja seos on hieman paksuuntunut.

e) Lisää kala ja keitä kannen alla miedolla lämmöllä 10 minuuttia tai kunnes se on kypsää.

f) Sekoita varovasti kerran tai kahdesti kypsennyksen aikana ja lisää hieman vettä, jos seos on liian paksua.

## 24. Tamarind kala curry

Tekee 4 annosta

**ainesosat:**

- 600g ( 1lb 5oz ) kiinteitä nahattomia siikafileitä
- 1 tl kurkumaa
- ripaus sahramijauhetta
- 3 valkosipulinkynttä murskattuna
- 2 ruokalusikallista sitruunamehua
- 1 tl kuminan siemeniä
- 2 ruokalusikallista korianterin siemeniä
- 1 tl valkopippuria
- 4 kardemumman paloja, raastettuna
- 2½ ruokalusikallista hienonnettua inkivääriä
- 2 punaista chiliä hienoksi pilkottuna
- 2 ruokalusikallista voita

- 1 sipuli, jauhettu

- 1 punainen paprika leikattuna 2 cm:n ($\frac{3}{4}$ tuuman) neliöiksi

- 1 vihreä paprika (mustapippuri), leikattu 2 cm:n ($\frac{3}{4}$ tuuman) neliöiksi

- 4 Roma (luumu) tomaattia kuutioituna

- 2 rkl tamarindipyreetä

- 185 g ($6\frac{1}{2}$ unssia/$\frac{3}{4}$ kuppi) tavallista jogurttia

- 2 ruokalusikallista hienonnettua korianteria

**Reittiohjeet:**

a) Huuhtele kalafileet ja kuivaa ne. Pistele fileet haarukalla. Sekoita kurkuma, sahrami, valkosipuli, sitruunamehu ja 1 tl suolaa ja hiero sitten kalafileet. Jäähdytä 2-3 tuntia.

b) Kuivapaahda kuminansiemenet, korianterin siemenet, pippurit ja kardemumma pannulla keskilämmöllä 2-3 minuuttia tai kunnes tuoksuvat. Anna jäähtyä.

c) Murskaa tai jauha jauheeksi morttelilla ja survin tai maustemyllyllä ja yhdistä inkivääriin ja chiliin.

d) Kuumenna öljy kattilassa keskilämmöllä ja lisää hienonnettu sipuli, punainen ja vihreä chili sekä jauhettu mausteseos.

e) Keitä varovasti 10 minuuttia tai kunnes tuoksuu ja sipuli on läpikuultava. Nosta lämpöä korkeaksi, lisää kuutioidut tomaatit, 250 ml (9 unssia/1 kuppi) vettä ja tamarindipyree. Kuumenna kiehuvaksi, alenna kiehuvaksi ja keitä 20 minuuttia.

f) Huuhtele tahna kalasta ja leikkaa 3 cm:n ($1\frac{1}{4}$ tuuman) paloiksi. Lisää pannulle ja jatka hauduttamista 10 minuuttia.

g) Sekoita joukkoon jogurtti ja hienonnettu korianteri ja tarjoile.

## 25. Hapan katkarapu ja kurpitsa curry

Tekee 4 annosta

**ainesosat:**

- 250 g (9 unssia) kurpitsaa

- 1 libanonilainen (lyhyt) kurkku

- 400 ml (14 unssia/12/3 kuppia) kookoskermaa

- 1½ ruokalusikallista valmistettua punaista currytahnaa

- 3 ruokalusikallista kalakastiketta

- 2 rkl raastettua palmusokeria

- 400 g (14 unssia) säilöttyjä sieniä valutettuina

- 500 g (1 lb 2oz) raakoja katkarapuja (katkarapuja), kuorittuja, karsittuja, häntät ehjät

- 2 rkl tamarindipyreetä

- 2 punaista chiliä hienonnettuna

- 1 rkl limen mehua

- 4 kaffir-limetinlehteä

- 4 korianterinjuurta, hienonnettuna

- 1 pieni kourallinen pavunversoja tarjoiluun

- 1 pieni kourallinen korianterinlehtiä tarjoiluun

**Reittiohjeet:**

a) Kuori kurpitsa ja leikkaa se 2 cm:n ($\frac{3}{4}$ tuuman) kuutioiksi. Kuori ja leikkaa kurkku pituussuunnassa kahtia, kaavi sitten siemenet teelusikalla ja viipaloi ohuiksi viipaleiksi.

b) Laita paksu kookoskerma kattilan päältä kattilaan, kiehauta keskilämmöllä välillä sekoittaen ja keitä 5-10 minuuttia tai kunnes seos "halkeaa" (voi alkaa erottua). Lisää pasta ja sekoita 2-3 minuuttia tai kunnes tuoksuu.

c) Lisää kalakastike ja palmusokeri ja sekoita kunnes se on liuennut.

d) Lisää jäljellä oleva kookoskerma, kurpitsa ja 3 rkl vettä, peitä ja kuumenna kiehuvaksi. Alenna kiehuvaksi ja keitä 10 minuuttia tai kunnes kurpitsa alkaa pehmetä.

e) Lisää olkisienet, katkaravut, kurkku, tamarindi, chili, limetin mehu, kaffir-limetin lehdet ja korianterin juuret.

f) Peitä, lisää lämpöä ja kuumenna takaisin kiehuvaksi ennen kuin laske kiehuvaksi ja keitä 3-5 minuuttia tai kunnes katkaravut ovat kypsiä.

g) Koristele pavuniduilla ja korianterinlehdillä.

## 26. Kalakoftas currykastikkeessa

Tekee 6 annosta

ainesosat:

Kömpelö

- 750 g (1 lb 10 oz) kiinteää valkoista kalafilettä, karkeasti kuorittua,

- 1 sipuli, jauhettu

- 2-3 valkosipulinkynttä murskattuna

- 1 rkl raastettua inkivääriä

- 4 ruokalusikallista hienonnettua korianteria

- 1 tl garam masalaa

- teelusikallinen chilijauhetta

- 1 kananmuna kevyesti vatkattuna öljyssä matalaan paistamiseen

Tomaatti currykastike

- 2 ruokalusikallista voita

- 1 iso sipuli, hienonnettuna

- 3-4 valkosipulinkynttä murskattuna

- 1 rkl raastettua inkivääriä

- 1 tl jauhettua kurkumaa

- 1 tl jauhettua kuminaa

- 1 tl jauhettua korianteria

- 1 tl garam masalaa

- ¼ tl chilijauhetta

- 800 g (1 lb 12 unssia) purkitettuja murskattuja tomaatteja

- 3 ruokalusikallista hienonnettua korianteria

**Reittiohjeet:**

a) Laita kala monitoimikoneeseen tai huhmareen ja survimeen ja käsittele tai jauha tasaiseksi tahnaksi. Lisää sipuli, valkosipuli, inkivääri, korianterinlehdet, garam masala, chilijauhe ja muna ja käsittele tai vatkaa hyvin sekoitellen.

b) Muotoile 1 ruokalusikallinen seosta märin käsin palloksi. Toista jäljellä olevan seoksen kanssa.

c) Valmista tomaatti-currykastike kuumenna öljy isossa kattilassa, lisää sipuli, valkosipuli ja inkivääri ja keitä usein sekoittaen keskilämmöllä 8 minuuttia tai kunnes se on hieman kullanruskea.

d) Lisää mausteet ja keitä sekoittaen 2 minuuttia tai kunnes tuoksuu. Lisää tomaatti ja 250 ml (9 unssia/1 kuppi) vettä, alenna sitten lämpöä ja keitä usein sekoittaen 15 minuuttia tai kunnes se on haihtunut ja paksuuntunut.

e) Kuumenna sillä välin öljy suuressa paistinpannussa 2 cm:n syvyyteen. Lisää kalakakut 3 tai 4 erässä ja kypsennä 3 minuuttia tai kunnes ne ovat kauttaaltaan ruskeita. Valuta talouspaperin päällä.

f) Lisää koftat kastikkeeseen ja keitä 5 minuuttia tai kunnes ne ovat lämmenneet.

g) Kääntele joukkoon varovasti korianteri, mausta suolalla ja tarjoile korianterinoksailla koristeltua.

## 27. Vihreä curry kalapalloilla

Tekee 4 annosta

**ainesosat:**

- 350 g (12 unssia), kiinteitä nahattomia siikafileitä, karkeasti pilkottuna

- 3 ruokalusikallista kookoskermaa

- 2 rkl valmista vihreää currytahnaa

- 440 ml (15¼ unssia/1¾ kuppia) kookosmaitoa

- 175 g (6 unssia) thaimaalaisia omenamunakoisoja (munakoisoja), neljäsosaa

- 175 g (6 unssia) hernemunakoisoja (munakoisoja)

- 2 ruokalusikallista kalakastiketta

- 2 rkl raastettua palmusokeria

- 50 g (1¾ unssia) hienonnettuna galangalia

- 3 kaffir-limetinlehteä, revitty puoliksi

- 1 kourallinen pyhää basilikaa tarjoiluun
- $\frac{1}{2}$ pitkää punaista chiliä, siemenet, hienonnettuna, tarjoiluun

**Reittiohjeet:**

a) Laita kalafileet monitoimikoneeseen tai huhmareen ja survimeen ja käsittele tai jauha ne tasaiseksi tahnaksi.

b) Kaada paksu kookoskerma kattilan päältä kattilaan, kiehauta keskilämmöllä välillä sekoittaen ja keitä 5-10 minuuttia tai kunnes seos "halkeaa" (voi alkaa erottua).

c) Lisää currytahna ja keitä 5 minuuttia tai kunnes tuoksuu. Lisää loput kookosmaito ja sekoita hyvin.

d) Muotoile kalatahnasta lusikalla tai märin käsin pieniä, halkaisijaltaan noin 2 cm:n ($\frac{3}{4}$ tuuman) palloja ja pudota ne kookosmaitoon.

e) Lisää munakoisot, kalakastike ja sokeri ja keitä 12-15 minuuttia välillä sekoittaen tai kunnes kala ja munakoisot ovat kypsiä.

f) Sekoita joukkoon galangal-lehdet ja kaffir lime. Maista ja säädä sitten mausteita tarvittaessa.

g) Lusikoi tarjoilukulhoon ja ripottele päälle ylimääräistä kookosmaitoa, basilikanlehtiä ja hienonnettua punapippuria.

## 28. Katkarapuja thaibasilikalla

Tekee 4 annosta

ainesosat:

- 2 kuivattua pitkää punaista chiliä

- 2 sitruunaruohon vartta, vain valkoinen osa, hienonnettuna

- 2,5 cm:n (1 tuuman) galangalpala, hienonnettuna

- 5 valkosipulinkynttä murskattuna

- 4 punaista aasialaista salottisipulia hienonnettuna

- 6 korianterinjuurta, hienonnettuna

- 1 tl katkaraputahnaa

- 1 tl jauhettua kuminaa

- 3 rkl hienonnettuja suolaamattomia maapähkinöitä

- 600 g (1 lb 5oz) raakoja katkarapuja (katkarapuja), kuorittuja, karsittuja, häntät ehjät

- 2 ruokalusikallista voita

- 185 ml (6 unssia/¾ kuppi) kookosmaitoa

- 2 ruokalusikallista kalakastiketta

- 2 rkl raastettua palmusokeria (jaggery)

- 1 kourallinen thaibasilikan lehtiä tarjoiluun


**Reittiohjeet:**

a) Liota chiliä kiehuvassa vedessä 5 minuuttia tai kunnes ne ovat kypsiä. Poista siemenet ja varret ja hienonna.

b) Laita chilit ja loput currytahnan ainekset monitoimikoneeseen tai huhmareen ja survimeen ja käsittele tai jauha ne tasaiseksi tahnaksi.

c) Leikkaa jokainen katkarapu takaosaa pitkin niin, että se aukeaa kuin perhonen (jätä jokainen katkarapu tyvestä ja hännästä yhteen).

d) Kuumenna öljy pannulla tai wokissa ja paista 2 ruokalusikallista currytahnaa keskilämmöllä 2 minuuttia tai kunnes tuoksuu.

e) Lisää kookosmaito, kalakastike ja palmusokeri ja keitä muutama sekunti. Lisää katkaravut ja keitä muutama minuutti tai kunnes ne ovat kypsiä. Maista ja säädä sitten mausteita tarvittaessa.

f) Tarjoile thaibasilikalla koristeltuna.

## 29. Kermainen katkarapu curry

Tekee 4 annosta

**ainesosat:**

- 500 g (1 lb 2 unssia) tiikerikatkarapuja, kuorittuja, uurrettuja, hännät ehjät
- 1½ rkl sitruunamehua
- 3 ruokalusikallista voita
- 1 sipuli, hienoksi pilkottuna
- 1 tl jauhettua kurkumaa
- 1 kanelitanko
- 4 neilikkaa
- 7 kardemumman paloja raastettuna
- 5 intialaista laakerinlehteä (cassia).
- 2 cm (¾ tuuman) pala inkivääriä raastettuna
- 3 valkosipulinkynttä murskattuna
- 1 tl chilijauhetta

- 170 ml (5½ oz/2/3 kuppi) kookosmaitoa

**Reittiohjeet:**

a) Laita katkaravut kulhoon, lisää sitruunamehu, sekoita ja jätä 5 minuuttia. Huuhtele katkaravut kylmän juoksevan veden alla ja taputtele kuivaksi talouspaperilla.

b) Kuumenna öljy paksussa pannussa ja kuullota sipuli ruskeaksi. Lisää kurkuma, kaneli, neilikka, kardemumma, laakerinlehdet, inkivääri ja valkosipuli ja paista 1 minuutti.

c) Lisää chilijauhe, kookosmaito ja suola maun mukaan ja kuumenna hitaasti kiehuvaksi. Vähennä lämpöä ja keitä 2 minuuttia.

d) Lisää katkaravut, palaa lämmölle, alenna sitten lämpöä ja keitä 5 minuuttia tai kunnes katkaravut ovat kypsiä ja kastike paksuuntunut.

# Siipikarjan curry

## 30. Hapanimelä kana curry

Tekee 4 annosta

ainesosat:

- 1 lb nahatonta luutonta kananrintaa, leikattu 1 tuuman kuutioiksi
- 1 x 14 & 1/2 unssia. tölkki hienonnettuja haudutettuja tomaatteja
- 1 x 1" kuutioitu vihreä paprika, iso
- 1 iso sipuli, hienonnettuna
- 1 ja 1/2 tl curryjauhetta
- 1/2 kuppia Lutenicaa, mangoa
- 2 ruokalusikallista maissitärkkelystä
- 1/4 kupillista vettä, kylmää

Reittiohjeet:

a) Yhdistä kana tomaattien, sipulin, vihreän pippurin, curryjauheen ja mangochutneyn kanssa hitaasta keittimessä. Peittää.

b) Kypsennä korkealla 3-4 tuntia, kunnes kana ei ole enää vaaleanpunainen.

c) Yhdistä vesi ja maissitärkkelys tasaiseksi ja sekoita seos hitaaseen keittimeen. Peittää. Keitä korkealla lämmöllä, kunnes se paksuuntuu, noin 1/2 tuntia. Palvella.

## 31. Curry-nuudelikeitto

Tekee 6 annosta

**ainesosat:**

- 2 rkl öljyä, kasvis
- 3 rkl salottisipulia hienonnettuna
- 3 hienonnettua valkosipulinkynttä
- 2 rkl sitruunaruohoa, jauhettu - hävitä ulommat lehdet
- 2 rkl tuoretta inkivääriä, kuorittu, jauhettu
- 2 rkl currytahnaa, keltainen
- 2 rkl curryjauhetta
- 1 tl chilipastaa, kuumaa
- 2 x 13 & 1/2 - 14 unssia. tölkit kookosmaitoa, makeuttamatonta
- 5 kupillista vähänatriumista kanalientä
- 2 ja 1/2 rkl kalakastiketta
- 2 ruokalusikallista kidesokeria

- 3 kuppia hienonnettuja lumiherneitä

- 2 kuppia bataattia, 1/2" kuorittuna, kuutioituna

- 1 lb kuivatut nuudelit, vermisellit

- 3/4 kiloa ohuiksi viipaloituja kanan reidiä, luuttomia, nahattomia

- 1/2 kuppia punasipulia, hienonnettuna

- 1/4 kuppia vihreää sipulia, hienonnettuna

- 1/4 kuppia hienonnettua korianteria, tuoretta

- 2 punaista chiliä, jalapeño

- 1 viipale limettiä

**Reittiohjeet:**

a) Kuumenna öljy suuressa, raskaassa kattilassa keskilämmöllä. Lisää seuraavat neljä ainesosaa ja sekoita noin minuutin ajan, kunnes tuoksuu.

b) Vähennä lämpöä keski-matalaksi. Sekoita joukkoon chilitahna, currytahna ja curryjauhe. Lisää 1/2 kuppia kookosmaitoa.

c) Sekoita muutama minuutti, kunnes se tuoksuu ja paksuuntuu. Lisää loput kookosmaidosta sekä kalakastike, liemi ja sokeri. Kiehauta sitten liemi ja pidä se lämpimänä.

d) Keitä lumiherneitä kattilassa suolalla maustetussa vedessä 1/2 minuuttia, kunnes ne ovat kirkkaan vihreitä. Käytä siivilä poistaaksesi herneet kattilasta. Jäähdytä huuhtelemalla vesijohtoveden alla. Laita herneet keskikokoiseen kulhoon. Laita kattila vettä takaisin kiehumaan. Lisää bataatti. Keitä seitsemän minuuttia, kunnes ne ovat kypsiä.

e) Käytä siivilä poistaaksesi bataatit kattilasta. Jäähdytä huuhtelemalla vesijohtoveden alla. Laita pieneen kulhoon. Laita sama vesikattila takaisin kiehumaan. Keitä nuudelit 5-6 minuuttia, kunnes ne ovat kiinteitä mutta kypsiä. Valuta ja huuhtele kylmässä vedessä, kunnes se jäähtyy. Siirrä nuudelit mikroaaltouunin kestävään kulhoon.

f) Kuumenna liemi kiehuvaksi. Lisää kana. Hauduta 10-12 minuuttia, kunnes kana on kypsää. Lisää bataatit. Sekoita noin minuutti lämmittäen. Lämmitä nuudelit uudelleen mikroaaltouunissa 30 sekunnin välein.

g) Jaa nuudelit yksittäisiin kulhoihin. Kaada lämmitetty keitto ja herneet kulhoihin. Ripottele keittoa chilillä, korianterilla, vihreällä sipulilla ja punasipulilla. Palvella.

## 32. Karibialaista currya

Tekee 8 annosta

ainesosat:

- 1 rkl curryjauhetta
- 1 tl mustapippuria, jauhettua
- 1 tl valkosipulijauhetta
- 8 nahatonta ja luutonta kanan reisiä
- 1 keskikokoinen sipuli ohuiksi viipaleina
- 1 ja 1/2 kuppia Mojo Creole Marinadea
- 2 ruokalusikallista öljyä, rypsiä
- 2 ruokalusikallista _ jauhot, yleiskäyttöinen

Reittiohjeet:

a) Yhdistä curryjauhe valkosipulijauheen ja jauhetun pippurin kanssa. Ripottele seos kanan päälle ja purista alas, jolloin se tarttuu kanan päälle.

b) Laita kana hitaaseen keittimeen. Ripottele päälle sipuli. Kaada marinadi varovasti hidaskeittimeen, vältä kanaa, jotta pinnoite pysyy ehjänä.

c) Peitä hidas liesi. Keitä miedolla lämmöllä 4-6 tuntia. Ota kana pois ja pidä lämpimänä.

d) Kaada hitaan lieden mehut mittakuppiin ja kuori rasva pois. Kuumenna öljy isossa pannussa keskilämmöllä. Vatkaa jauhot tasaiseksi vaahdoksi. Vatkaa joukkoon vähitellen keitinmehut.

e) Kuumenna seos kiehuvaksi. Sekoita jatkuvasti kypsennyksen aikana 1-2 minuuttia, kunnes seos paksunee. Vähennä lämpötasoa.

f) Lisää kana. Anna kiehua 5-7 minuuttia. Palvella.

## 33. Kana currykeitto

Tekee 8 annosta

**ainesosat:**

- 1 rkl voita, suolaamatonta
- 2 keskikokoista sipulia, hienonnettuna
- 2 rkl curryjauhetta
- 2 hienonnettua sellerikylkeä
- Ripaus cayennepippuria
- 1/4 tl suolaa, kosher
- 1/4 tl mustapippuria, jauhettu
- 5 kupillista maissia, pakaste
- 3 x 14 & 1/2 unssia. tölkit vähänatriumista kanalientä
- 1/2 kuppia jauhoja, yleiskäyttöinen
- 1/2 kuppia maitoa, 2 %
- 3 kupillista kananrintaa kuutioituna ja kypsennettynä

- 1/3 kuppia jauhettua korianteria, tuoretta

**Reittiohjeet:**

a) Kuumenna voi suuressa kattilassa keskilämmöllä. Lisää selleri ja sipuli. Sekoita samalla kun ne kypsyvät pehmeiksi. Sekoita mausteet ja keitä vielä 1/2 minuuttia.

b) Sekoita joukkoon liemi ja maissi ja kiehauta. Vähennä lämpöä ja peitä kattila. Anna kiehua 15-20 minuuttia.

c) Vatkaa maito ja jauhot pienessä kulhossa tasaiseksi vaahdoksi ja sekoita keittoon. Kuumenna uudelleen kiehuvaksi. Sekoita kypsennyksen aikana, kunnes se paksuuntuu, noin kaksi minuuttia. Sekoita joukkoon korianteri ja kana ja kuumenna. Palvella.

## 34. Slow Cooker Curry- kanaa

Tekee 6 annosta

**ainesosat:**

- 6 nahatonta ja luutonta kananrintapuoliskoa
- 1 ja 1/4 tl suolaa, kosher
- 1 x 14 unssia. tölkki kookosmaitoa, kevyt
- 1/2 tl kurkumaa, jauhettu
- 1/2 tl cayennepippuria
- 1 tl curryjauhetta
- 3 hienonnettua vihreää sipulia
- 2 rkl vettä, kylmää
- 2 ruokalusikallista maissitärkkelystä
- 1-2 ruokalusikallista limetin mehua
- 3 kupillista keitettyä kuumaa riisiä

**Reittiohjeet:**

a) Ripottele kana suolalla. Päällystä iso tarttumaton paistinpannu kypsennyssuihkeella. Ruskista sitten broileri molemmilta puolilta ja laita se isoon hitaaseen keittimeen.

b) Yhdistä keskikokoisessa kulhossa kookosmaito, kurkuma, cayenne ja curryjauhe. Kaada seos kanan päälle. Ripottele päälle 1/2 sipulia. Peittää. Kypsennä hitaassa keittimessä, kunnes kana on kypsää, 4-5 tuntia.

c) Yhdistä kylmä vesi ja maissitärkkelys tasaiseksi ja sekoita hitaaseen keittimeen. Aseta kansi takaisin paikalleen. Keitä korkealla, kunnes kastike sakenee, noin puoli tuntia. Sekoita joukkoon limen mehu. Tarjoa kana kuuman riisin kanssa.

d) Kaada päälle kastike ja ripottele päälle loput sipulit.

## 35. Thai-tyylinen currykana

Tekee 4 annosta

**ainesosat:**

- 1 kiloa luuttomia, nahattomia 1/2" kuutioiksi leikattuja kananrintafileitä
- 1/2 tl suolaa, kosher
- 1/4 tl mustapippuria, jauhettu
- 1 rkl öljyä, oliiviöljyä
- 6 ohueksi viipaloitua vihreää sipulia
- 1 jauhettu valkosipulinkynsi
- 2 ruokalusikallista maissitärkkelystä
- 1 ja 1/2 kuppia lientä, kanaa
- 3/4 dl kookosmaitoa, kevyt
- 1 rkl limen mehua, tuoretta
- 1 tl currytahnaa, punainen
- 1 tl vähäsuolaista soijakastiketta
- 2 kupillista ruskeaa riisiä, keitetty

- 1/4 kuppia raastettua kookospähkinää, makeuttamaton

**Reittiohjeet:**

a) Ripottele kana kosher-suolalla ja jauhetulla pippurilla. Kuumenna öljy isossa paistinpannussa keskilämmöllä. Lisää kana. Sekoita kypsennyksen aikana 2-3 minuuttia, kunnes ulkopinta ei ole enää vaaleanpunainen. Lisää valkosipuli ja vihreä sipuli. Keitä vielä minuutti.

b) Vatkaa pienessä kulhossa liemi ja maissitärkkelys tasaiseksi vaahdoksi ja sekoita seokseen keskikokoisella pannulla. Lisää kookosmaito, currytahna, soijakastike ja limen mehu. Kiehauta. Vähennä lämpöä.

c) Jätä pannu peittämättä ja anna hautua 5-6 minuuttia, kunnes kastike hieman sakenee. Lisää riisin joukkoon ja ripottele päälle kookosta. Palvella.

## 36. Kookos-kana curry

Tekee 6 annosta

**ainesosat:**

- 2 x 14 unssia. tölkit kookosmaitoa, kevyt
- 1/3 - 1/2 kuppia currytahnaa, punainen
- 1 x 8,80 unssia. paketti riisin spagettia, ohut
- 2 x 14 & 1/2-oz. tölkit vähänatriumista kanalientä
- 1/4 kuppia ruskeaa sokeria, pakattu
- 3/4 tl valkosipulisuolaa
- 2 rkl soija- tai kalakastiketta
- 3 kuppia grillattuja kananpaloja
- 1 ja 1/2 kuppia hienonnettua kaalia
- 1 ja 1/2 kuppia hienonnettua porkkanaa
- 3/4 kuppia pavunversoja
- Korianterinlehtiä, tuoreita

- Basilika, tuore

**Reittiohjeet:**

a) Kuumenna kookosmaito kiehuvaksi suuressa kattilassa. Jätä peittämättä. Keitä, kunnes neste on laskenut kolmeen kupilliseen, 10-12 minuuttia. Lisää ja sekoita currytahna, kunnes se on täysin liuennut.

b) Valmista nuudelit pakkauksen ohjeen mukaan.

c) Lisää liemi, kalakastike, valkosipulisuola ja fariinisokeri curryseokseen ja palauta kiehuvaksi. Vähennä sitten lämpöä. Jätä peittämättä ja sekoita välillä, kunnes se kiehuu, 10-12 minuuttia. Sekoita joukkoon kana ja kuumenna.

d) Valuta nuudelit ja jaa ne kuuteen erilliseen kulhoon. Kaada keitto nuudeleiden päälle ja ripottele päälle kasviksia, korianteria ja basilikaa. Palvella.

## 37. Ananas curry

Tekee 6 annosta

**ainesosat:**

- 2 x 8 unssia tölkit valumattomia, makeuttamattomia ananaspaloja
- 6 nahatonta luullista kananrintapuoliskoa
- 1 x 15 oz. purkki huuhdeltuja, valutettuja kikherneitä tai garbanzo-papuja
- 1 x 1" kuutioitu sipuli, iso

- 1 kuppi porkkanaa, julienoitu
- 1 keskimakea punainen paprika viipaloituna
- 1/2 dl kookosmaitoa, kevyt
- 2 ruokalusikallista maissitärkkelystä
- 2 ruokalusikallista kidesokeria
- 2 jauhettua valkosipulinkynttä
- 2 rkl jauhettua inkiväärijuurta, tuoretta

- 3 rkl curryjauhetta
- 1 tl suolaa, kosher
- 1 tl mustapippuria
- 1 tl limen mehua, mieluiten tuoretta
- 1/2 tl murskattua paprikahiutaleita
- Tarjoilu: keitettyä, kuumaa riisiä
- 1/3 kuppia jauhettua tuoretta basilikaa
- Valinnainen: paahdettu, silpputtu, makeutettu kookospähkinä

**Reittiohjeet:**

a) Valuta ananas. Varaa 3/4 kupillista sen mehua. Laita kana, kikherneet, vihannekset ja ananas isoon hitaan liesituulettimeen.

b) Sekoita pienessä kulhossa kookosmaito maissitärkkelyksen kanssa tasaiseksi. Sekoita joukkoon sokeri, valkosipuli, curryjauhe, inkivääri, kosher-suola,

mustapippuri, punapippurihiutaleet,
limetin mehu ja varattu ananasmehu.
Kaada seos kanan päälle.

c) Peitä hidas liesi. Keitä miedolla lämmöllä
6-8 tuntia, kunnes kana on kypsää.
Tarjoile yhdessä tai riisin päällä.
Ripottele päälle basilikaa, sitten
halutessasi kookosta.

## 38. Intialaistyylinen curry

Tekee 6 annosta

**ainesosat:**

- 2 kiloa luuttomia, nahattomia kananrintapuolikkaita
- 2 tl suolaa, kosher
- 1/2 dl öljyä, kasvis
- 1 ja 1/2 kupillista sipulia hienonnettuna
- 1 rkl valkosipulia, jauhettu
- 1 rkl curryjauhetta
- 1 & 1/2 tl jauhettua inkiväärijuurta, tuore
- 1 tl kuminaa, jauhettu
- 1 tl kurkumaa, jauhettu
- 1 tl korianteria, jauhettu
- 1 tl mustapippuria, cayenne
- 1 ruokalusikallinen suodatettua vettä

- 1 x 15 oz. tölkki tomaattia, murskattu
- 1 kuppi jogurttia, tavallista
- 1 rkl hienonnettua korianteria, tuoretta
- 1 tl suolaa, kosher
- 1/2 kuppia suodatettua vettä
- 1 tl garam masala -maustesekoitusta
- 1 rkl hienonnettua korianteria, tuoretta
- 1 rkl sitruunamehua, tuoretta

**Reittiohjeet:**

a) Ripottele kanaa 2 tl suolaa.

b) Kuumenna öljy isossa pannussa korkealla. Paista kanaa erissä kuumassa öljyssä, kunnes se on täysin ruskea.

c) Siirrä paistettu kana lautaselle. Laita se sivuun.

d) Vähennä paistinpannun lämpöä keskikorkeaksi. Lisää pannulle jääneen öljyn joukkoon valkosipuli, inkivääri ja sipuli. Paista 8-10 minuuttia, kunnes sipuli on läpikuultava. Sekoita 1 rkl vettä sekä kumina, curryjauhe, cayenne, korianteri ja kurkuma sipuliseokseen. Sekoita lämpeneessä noin minuutin ajan.

e) Sekoita 1 rkl hienonnettua korianteria, 1 tl suolaa, tomaatteja ja jogurttia sipuliseokseen. Palauta broilerin rintafileet pannulle mahdollisten mehujen kanssa.

f) Lisää seokseen 1/2 kupillista vettä ja kiehauta kanaa kääntäen ja peitä se kastikkeella. Ripottele kanan päälle 1 rkl korianteria ja garam masalaa.

g) Peitä pannu. Hauduta 20-25 minuuttia, kunnes kana ei ole enää vaaleanpunainen ja mehut valuvat kirkkaaksi. Sisälämpötilan tulee olla 165 F tai korkeampi. Ripottele sitruunamehulla ja tarjoile.

## 39. Mausteinen kalkkuna curry

Tekee 4 annosta

ainesosat:

- 1/2 kuppia porkkanaa, viipaloitu
- 1 kuppi selleriä, hienonnettuna
- 1 kuppi maitoa, rasvatonta
- 2 ruokalusikallista maissitärkkelystä
- 3/4 kuppia vähän natriumia sisältävää kanalientä
- 2 kupillista keitettyä, kuutioitua kanaa tai kalkkunaa
- 2 rkl kuivattua sipulia, jauhettu
- 1/2 tl valkosipulijauhetta
- 1/4 tl curryjauhetta
- Valinnainen: kuuma riisi, keitetty

Reittiohjeet:

a) Päällystä pannu kevyesti tarttumattomalla kypsennyssuihkeella. Kuullota porkkanat ja selleri pehmeiksi.

b) Sekoita 1/4 kuppia maitoa ja maissitärkkelystä keskikokoisessa kulhossa. Lisää loppu maito ja liemi. Sekoita kunnes saat tasaisen koostumuksen.

c) Kaada seos vihannesten päälle. Kuumenna kiehuvaksi ja sekoita kypsennyksen aikana 2-3 minuuttia. Lisää kalkkuna tai kana, valkosipuli ja curryjauhe sekä sipuli. Sekoita välillä, kunnes se on lämmennyt.

d) Tarjoile halutessasi riisin kanssa.

## 40. Ankan currya ananaksella

Tekee 4-6 annosta

**ainesosat:**

- 15 kuivattua pitkää punaista chiliä
- 1 rkl valkopippuria
- 2 ruokalusikallista korianterin siemeniä
- 1 tl kuminan siemeniä
- 2 ruokalusikallista katkaraputahnaa
- 5 punaista aasialaista salottisipulia hienonnettuna
- 10 valkosipulinkynttä, jauhettu
- 2 sitruunaruohon vartta, vain valkoinen osa, hienonnettuna
- 1 rkl hienonnettua galangalia
- 2 rkl hienonnettua korianterinjuurta
- 1 tl hienoksi raastettua kaffirlimetin kuorta
- 1 ruokalusikallinen maapähkinävoita

- 8 vihreää sipulia, leikattu vinosti 3 cm:n (1¼ tuuman) pituisiksi paloiksi

- 2 valkosipulinkynttä murskattuna

- 1 kiinalainen ankka, leikattu isoiksi paloiksi

- 400 ml (14 unssia) kookosmaitoa

- 450 g (1 lb) ananassäilykkeitä siirapissa, valutettuna

- 3 kaffirlimetin lehtiä

- 3 rkl hienonnettuja korianterinlehtiä

- 2 rkl hienonnettua minttua

**Reittiohjeet:**

a) Liota chiliä kiehuvassa vedessä 5 minuuttia tai kunnes ne ovat kypsiä. Poista kanta ja siemenet ja hienonna.

b) Paahda pippuria, korianterin siemeniä, kuminan siemeniä ja folioon käärittyä katkaraputahnaa pannulla keskilämmöllä

2-3 minuuttia tai kunnes tuoksuvat. Anna jäähtyä.

c) Murskaa tai jauhaa pippurit, korianteri ja kumina jauheeksi.

d) Laita hienonnetut chilit, katkaraputahna ja jauhetut mausteet muiden currytahnan ainesten kanssa monitoimikoneeseen tai huhmareeseen ja survimeen ja käsittele tai jauha tasaiseksi tahnaksi.

e) Kuumenna wokpannu hyvin kuumaksi, lisää öljy ja pyörittele niin, että reunat peittyvät. Lisää sipuli, valkosipuli ja 2-4 rkl punaista currytahnaa ja paista 1 minuutti tai kunnes tuoksuvat.

f) Lisää paahdetut ankanpalat, kookosmaito, valutetut ananaspalat, kaffirlimetin lehdet ja puolet korianterista ja mintusta. Kuumenna kiehuvaksi, vähennä lämpöä ja keitä 10 minuuttia tai kunnes ankka on lämmennyt ja kastike hieman paksuuntunut.

g) Sekoita joukkoon jäljellä oleva korianteri ja minttu ja tarjoile.

## 41. Runsaat kanakoftat

Tekee 4 annosta

ainesosat:

- 2 ruokalusikallista voita
- 1 sipuli, hienoksi pilkottuna
- 1 valkosipulinkynsi murskattuna
- 1 tl hienonnettua inkivääriä
- 1 tl jauhettua kuminaa
- 1 tl garam masalaa
- ½ tl jauhettua kurkumaa
- 650 g (1 lb 7 unssia) broilerin reisifileitä viipaleina
- 2 rkl hienonnettuja korianterinlehtiä
- 1 rkl gheetä tai öljyä
- 1 sipuli, jauhettu
- 2 valkosipulinkynttä murskattuna
- 2 rkl garam masalaa

- ½ tl jauhettua kurkumaa

- 170 ml (5½ oz/2/3 kuppi) kookosmaitoa

- 90 g (3¼ unssia/1/3 kuppia) tavallista jogurttia

- 125 ml (4 unssia/½ kuppi) raskasta kermaa (vatkaukseen).

- 35 g jauhettuja manteleita

- 2 rkl hienonnettuja korianterinlehtiä

**Reittiohjeet:**

a) Valmista kofta kuumenna puolet öljystä kattilassa. Lisää sipuli, valkosipuli, inkivääri, jauhettu kumina, garam masala ja jauhettu kurkuma ja keitä sekoittaen 4-6 minuuttia tai kunnes sipuli pehmenee ja mausteet alkavat aromittua. Anna jäähtyä.

b) Laita broilerinfileet erissä monitoimikoneeseen ja käsittele ne silpuksi.

c) Laita kana, sipuli, korianteri ja ½ tl suolaa kulhoon ja sekoita hyvin. Mittaa märin käsin 1 ruokalusikallinen seosta ja muotoile palloksi.

d) Toista jäljellä olevan seoksen kanssa. Kuumenna loput öljystä paksussa pannussa, lisää koftat erissä ja keitä 4–5 minuuttia tai kunnes ne ovat kauniin ruskeita. Poista vuoasta ja peitä. Laita sipuli monitoimikoneeseen ja käsittele tasaiseksi.

e) Kuumenna ghee tai öljy pannulla. Lisää sipuli ja valkosipuli ja keitä sekoittaen 5 minuuttia, kunnes seos alkaa paksuuntua.

f) Lisää garam masala ja kurkuma ja keitä 2 minuuttia. Lisää kookosmaito, jogurtti, kerma ja jauhetut mantelit.

g) Kuumenna melkein kiehuvaksi, alenna sitten lämpö keskilämmölle ja lisää kofta. Keitä välillä sekoittaen 15 minuuttia tai kunnes koftat ovat kypsiä. Sekoita joukkoon korianteri ja tarjoa.

## 42. Voi kana

Tekee 4 annosta

**ainesosat:**

- 2 ruokalusikallista maapähkinävoita

- 1 kg (2 lb 4 unssia) neljäsosaisia kanan reisiä

- 100 g (3½ oz) voita tai gheetä

- 3 rkl garam masalaa

- 2 rkl makeaa punaista paprikaa

- 1 rkl jauhettua korianteria

- 1 rkl hienoksi pilkottua inkivääriä

- 3 rkl jauhettua kuminaa

- 2 valkosipulinkynttä murskattuna

- 1 tl chilijauhetta

- 1 kanelitanko

- 5 kardemumman paloja, raastettuna

- 2½ rkl tomaattipyreetä (tiivistetty sose)

- 1 ruokalusikallinen sokeria

- 90 g (3¼ unssia/1/3 kuppia) tavallista jogurttia

- 185 ml (6 oz/¾ kuppi) kermaa (vaahdotettu)

- 1 ruokalusikallinen sitruunamehua

**Reittiohjeet:**

a) Kuumenna pannu tai wok erittäin kuumaksi, lisää 1 rkl öljyä ja sekoita peitoksi. Lisää puolet broilerinfileistä ja paista sekoitellen 4 minuuttia tai kunnes ne ovat ruskeita.

b) Poista pannulta. Lisää tarvittaessa öljyä ja paista loput kanat ja poista sitten.

c) Pienennä lämpöä, lisää voi pannulle tai wokkiin ja sulata se. Lisää garam masala, makea paprika, korianteri, inkivääri, kumina, valkosipuli, chilijauhe, kanelitanko ja kardemummapalot ja paista sekoitellen 1 minuutti tai kunnes tuoksuvat. Nosta kana takaisin pannulle ja sekoita mausteilla, jotta se peittyy hyvin.

d) Lisää tomaattipyre ja sokeri ja keitä sekoitellen 15 minuuttia tai kunnes kana on kypsää ja kastike paksuuntunut.

e) Lisää jogurtti, kerma ja sitruunamehu ja keitä 5 minuuttia tai kunnes kastike sakenee hieman.

## 43. Curry kanan ja omenamunakoison kanssa

Tekee 4 annosta

ainesosat:

- 1 tl valkopippuria
- 2 rkl kuivattuja katkarapuja
- 1 tl katkaraputahnaa
- 2 rkl hienonnettua korianterinjuurta
- 3 sitruunaruohon vartta, vain valkoinen osa, ohuiksi viipaleina
- 3 valkosipulinkynttä
- 1 rkl hienoksi pilkottua inkivääriä
- 1 punainen chili, hienonnettuna
- 4 kaffir-limetinlehteä
- 3 ruokalusikallista kalakastiketta
- 3 rkl limen mehua
- 1 tl jauhettua kurkumaa
- 500 g (1 lb 2 unssia) broilerin reisifilettä

- 250g (9oz) thai-omenamunakoisoa (munakoisoa)

- 400 ml (14 oz) kookoskermaa (älä ravista tölkkiä)

- 2 rkl raastettua palmusokeria (jaggery)

- 1 punainen paprika (pippuri), hienonnettuna

- 230 g (8½oz) purkitettuja vesikastanjoita hienonnettuna, valutettuna

- 1 rkl hienonnettuja korianterinlehtiä

- 1 rkl hienonnettua thaibasilikaa

Reittiohjeet:

a) Paista pippuria, kuivattuja katkarapuja ja katkaraputahnaa folioon käärittynä pannulla keskilämmöllä 2-3 minuuttia tai kunnes tuoksuvat.

b) Anna jäähtyä. Murskaa tai jauha pippurit jauheeksi huhmarella ja survin tai maustemyllyllä. Käsittele kuivatut katkaravut monitoimikoneessa, kunnes ne ovat hienonnettu - muodostaen "nauhan".

c) Laita murskatut pippurit, raastetut kuivatut katkaravut ja katkaraputahna muiden currytahnan ainesten kanssa monitoimikoneeseen tai huhmareen ja survimeen ja jauha tai jauha tasaiseksi tahnaksi.

d) Leikkaa broilerin reisifileet 2,5 cm:n (1 tuuman) kuutioiksi. Leikkaa munakoiso samankokoisiksi paloiksi.

e) Kaada paksu kookoskerma kattilan päältä kattilaan, kiehauta keskilämmöllä välillä sekoittaen ja keitä 5-10 minuuttia tai kunnes seos "halkeaa" (voi alkaa erottua).

f) Lisää currytahna ja sekoita 5-6 minuuttia tai kunnes tuoksuu. Lisää palmusokeri ja sekoita kunnes se on liuennut.

g) Lisää kana, munakoiso, paprika, puolet jäljellä olevasta kookoskermasta ja vesikastanjat. Kuumenna kiehuvaksi, peitä ja anna kiehua ja keitä 15 minuuttia tai kunnes kana on kypsää ja munakoiso on kypsää.

h) Sekoita joukkoon loput kookoskerma, korianteri ja basilika.

## 44. Burmalainen kana curry

Tekee 6 annosta

**ainesosat:**

- 1 rkl keskimausteista intialaista curryjauhetta
- 1 tl garam masalaa
- 1 tl chilipippuria
- 2 rkl makeaa punaista paprikaa
- 1,6 kg (3 lb 8 oz) kokonaista kanaa 8 osaan leikattuna tai 1,6 kg (3 lb 8 unssia) sekoitettuja broilerin paloja
- 2 sipulia, hienonnettuna
- 3 valkosipulinkynttä murskattuna
- 2 rkl raastettua inkivääriä
- 2 tomaattia, hienonnettuna
- 2 rkl tomaattipyreetä
- 1 varsi sitruunaruohoa, vain valkoinen osa, ohuiksi viipaleina

- 3 ruokalusikallista voita
- 500 ml (17 unssia/2 kuppia) kanalientä
- 1 tl sokeria
- 1 rkl kalakastiketta

**Reittiohjeet:**

a) Sekoita kulhossa curryjauhe, garam masala, cayenne ja punainen paprika.

b) Hiero tällä mausteseoksella kananpalojen päälle ja laita sivuun.

c) Laita sipuli, valkosipuli, inkivääri, tomaatit, tomaattipasta ja sitruunaruoho monitoimikoneeseen tai huhmareeseen ja survimeen ja käsittele tai jauha tasaiseksi tahnaksi.

d) Kuumenna öljy keskilämmöllä suuressa, paksupohjaisessa pannussa (joka pitää kananpalat yhdessä kerroksessa), lisää kana ja ruskista kaikilta puolilta ja poista sitten pannulta.

e) Lisää samalle pannulle sipulitahna ja keitä miedolla lämmöllä 5-8 minuuttia koko ajan sekoittaen. Laita kana takaisin pannulle ja käännä peittämään pasta.

f) Lisää kanaliemi ja sokeri ja kiehauta. Vähennä lämpöä, peitä ja keitä $1\frac{1}{4}$ tuntia tai kunnes kana on hyvin mureaa. Kuori kypsennyksen aikana pintaan nouseva öljy pois ja heitä pois.

g) Sekoita kalakastikkeella ja tarjoile.

## 45. Malesian kana curry

Tekee 4 annosta

**ainesosat:**

- 3 rkl kuivattuja katkarapuja
- 80 ml voita
- 6–8 punaista chiliä, siemenet ja hienonnettuna
- 4 valkosipulinkynttä murskattuna
- 3 sitruunaruohon vartta, vain valkoinen osa, hienonnettuna
- 2 ruokalusikallista jauhettua kurkumaa
- 10 kynttilää
- 2 isoa sipulia, hienonnettuna
- 250 ml (9 unssia/1 kuppi) kookosmaitoa
- 1,5 kg (3 lb 5 oz) kokonaista kanaa, leikattu 8 osaan
- 125 ml (4 unssia/½ kuppi) kookoskermaa
- 2 rkl limen mehua

**Reittiohjeet:**

a) Laita katkaravut pannulle ja paista miedolla lämmöllä pannua säännöllisesti ravistaen 3 minuuttia tai kunnes katkaravut muuttuvat tummanoranssiksi ja antavat voimakkaan aromin. Anna jäähtyä.

b) Laita katkaravut, puolet öljystä, chili, valkosipuli, sitruunaruoho, kurkuma ja neilikka monitoimikoneeseen tai huhmareeseen ja survimeen ja käsittele tai jauha tasaiseksi tahnaksi.

c) Kuumenna jäljellä oleva öljy wokissa tai pannulla, lisää sipuli ja ¼ tl suolaa ja keitä säännöllisesti sekoittaen miedolla keskilämmöllä 8 minuuttia tai kunnes ne ovat kullanruskeita.

d) Lisää maustetahna ja sekoita 5 minuuttia. Jos seos alkaa tarttua vuoan pohjalle, lisää 2 rkl kookosmaitoa. On tärkeää kypsentää seos huolellisesti, sillä näin maut kehittyvät.

e) Lisää kana wok-pannuun tai pannulle ja keitä sekoittaen 5 minuuttia tai kunnes se alkaa ruskeaa.

f) Sekoita jäljellä oleva kookosmaito ja 250 ml (9 unssia/1 kuppi) vettä ja kuumenna kiehuvaksi. Vähennä lämpöä ja hauduta 50 minuuttia tai kunnes kana on kypsää ja kastike hieman paksuuntunut.

g) Lisää kookoskerma ja kuumenna seos takaisin kiehuvaksi koko ajan sekoittaen. Lisää limen mehu ja tarjoile heti.

## 46. Malesian kana curry

Tekee 4 annosta

**ainesosat:**

- 1 tl katkaraputahnaa

- 2 punasipulia, hienonnettuna

- 4 punaista chiliä, siemenetön

- 4 valkosipulinkynttä murskattuna

- 2 sitruunaruohon vartta, vain valkoinen osa, hienonnettuna

- 3 cm (1¼ tuumaa) kuutioiksi leikattu galangal

- 8 kaffir-limetinlehteä karkeasti hienonnettuna

- 1 tl jauhettua kurkumaa

- 2 ruokalusikallista voita

- 750 g (1 lb 10 oz) broilerin reisifileitä pureman kokoisiksi paloiksi leikattuna

- 400 ml (14 unssia) kookosmaitoa

- 3½ rkl tamarindipyreetä
- 1 rkl kalakastiketta
- 3 kaffir-limetinlehteä, raastettuna

**Reittiohjeet:**

a) Paista folioon käärittyä katkaraputahnaa pannulla keskilämmöllä 2-3 minuuttia tai kunnes tuoksuu. Anna jäähtyä.

b) Laita katkaravutahna ja loput currytahnan ainekset monitoimikoneeseen tai huhmareen ja survimeen ja käsittele tai jauha tasaiseksi tahnaksi.

c) Kuumenna wok-pannu tai iso kattila korkealla lämmöllä, lisää voi ja kääntele sivujen peittämiseksi. Lisää currytahna ja keitä välillä sekoittaen miedolla lämmöllä 8-10 minuuttia tai kunnes tuoksuu. Lisää kana ja paista pastan kanssa 2-3 minuuttia.

d) Lisää wokkipannuun kookosmaito, tamarindipyree ja kalakastike ja keitä välillä sekoittaen 15-20 minuuttia tai kunnes kana on kypsää.

e) Koristele raastetuilla kaffir-limetinlehdillä ja tarjoile.

## 47. Ankka- ja kookoscurry

Tekee 6 annosta

**ainesosat:**

- 1½ tl korianterin siemeniä
- 1 tl kardemumman siemeniä
- 1 tl sarviapilan siemeniä
- 1 tl ruskeita sinapinsiemeniä
- 10 mustapippuria
- 1 punasipuli, hienonnettuna
- 2 valkosipulinkynttä murskattuna
- 4 punaista chiliä, siemenet poistettu, hienonnettu
- 2 korianterinjuurta, hienonnettuna
- 2 rkl raastettua inkivääriä
- 2 rkl garam masalaa
- 1 tl jauhettua kurkumaa
- 2 rkl tamarindipyreetä

- 6 ankanrintafilettä

- 1 punasipuli, hienonnettuna

- 125 ml (4 unssia/$\frac{1}{2}$ kuppi) valkoviinietikkaa

- 500 ml (17 unssia/2 kuppia) kookosmaitoa

- 1 pieni kourallinen korianterinlehtiä

**Reittiohjeet:**

a) Paahda korianteria, kardemummaa, sarviapilaa ja sinapinsiemeniä pannulla keskilämmöllä 2-3 minuuttia tai kunnes tuoksuvat. Anna jäähtyä.

b) Murskaa tai jauha mausteet survin ja huhmarella tai maustemyllyllä mustapippurien kanssa.

c) Laita jauhetut mausteet muiden currytahnan ainesten kanssa monitoimikoneeseen tai huhmareen ja survimeen ja tee tasaiseksi tahnaksi.

d) Leikkaa ankanfileistä ylimääräinen rasva pois, laita nahkapuoli alaspäin isoon kattilaan ja keitä keskilämmöllä 10 minuuttia tai kunnes iho on ruskistunut ja jäljellä oleva rasva sulanut.

e) Käännä fileet ympäri ja keitä 5 minuuttia tai kunnes ne ovat kypsiä. Poista ja valuta talouspaperin päällä.

f) Varaa 1 rkl ankanrasvaa, hävitä jäljellä oleva rasva. Lisää sipuli ja paista 5 minuuttia, lisää sitten currytahna ja sekoita miedolla lämmöllä 10 minuuttia tai kunnes tuoksuu.

g) Nosta ankka takaisin pannulle ja levitä tahnalla. Sekoita keskenään etikka, kookosmaito, 1 tl suolaa ja 125 ml (4 unssia/½ kuppi) vettä. Hauduta kannen alla 45 minuuttia tai kunnes fileet ovat kypsiä.

h) Sekoita joukkoon korianterinlehtiä juuri ennen tarjoilua.

## 48. Maustettu kana ja mantelit

Tekee 6 annosta

**ainesosat:**

- 3 ruokalusikallista voita

- 30 g (1 unssi/¼ kuppi) silputtuja manteleita

- 2 punasipulia, hienoksi pilkottuna

- 4-6 valkosipulinkynttä murskattuna

- 1 rkl raastettua inkivääriä

- 4 kardemumman paloja, raastettuna

- 4 neilikkaa

- 1 tl jauhettua kuminaa

- 1 tl jauhettua korianteria

- 1 tl jauhettua kurkumaa

- ½ tl chilijauhetta

- 1 kg (2 lb 4 unssia) broilerin reisifileitä viipaleina

- 2 isoa, kuorittua, hienonnettua tomaattia

- 1 kanelitanko

- 100 g (3½ oz/1 kuppi) jauhettuja manteleita

**Reittiohjeet:**

a) Kuumenna 1 ruokalusikallinen öljyä isossa kattilassa. Lisää mantelit ja keitä miedolla lämmöllä 15 sekuntia tai kunnes ne ovat kullanruskeita. Poista ja valuta paperipyyhkeellä.

b) Kuumenna jäljellä oleva öljy, lisää sipuli ja paista sekoittaen 8 minuuttia tai kunnes se on kullanruskea. Lisää valkosipuli ja inkivääri ja keitä sekoittaen 2 minuuttia ja sekoita sitten mausteet. Vähennä lämpöä ja keitä 2 minuuttia tai kunnes tuoksuu.

c) Lisää kana ja keitä jatkuvasti sekoittaen 5 minuuttia tai kunnes se on hyvin mausteiden peitossa ja alkaa saada väriä.

d) Sekoita joukkoon tomaatit, kanelitanko, jauhetut mantelit ja 250 ml (9 unssia/1 kuppi) kuumaa vettä. Hauduta kannen alla miedolla lämmöllä 1 tunti tai kunnes kana on kypsää ja mureaa. Sekoita usein ja lisää tarvittaessa hieman vettä.

e) Anna kattilan olla peitettynä 30 minuuttia, jotta maut kehittyvät, ja poista sitten kanelitanko. Ripottele pinnalle manteliviipaleita ja tarjoile.

## 49. Kanaa kookosmaidossa

Tekee 6 annosta

**ainesosat:**

- 2 ruokalusikallista korianterin siemeniä

- ½ tl kuminan siemeniä

- 2 tl valkopippuria

- 1 tl katkaraputahnaa 30 g (1 unssi) kuivattuja katkarapuja

- 2 sitruunaruohon vartta, vain valkoinen osa, hienonnettuna

- 2 punasipulia, hienonnettuna

- 3 valkosipulinkynttä murskattuna

- 1 rkl raastettua inkivääriä

- 2½ rkl raastettua galangalia

- ¼ tl jauhettua muskottipähkinää

- ¼ tl jauhettua neilikkaa

- 560 ml (19¼ unssia/2¼ kuppia) kookoskermaa

- 1,5 kg (3 lb 5 unssia) kanaa, leikattu 8-10 osaan

- 800 ml (28 unssia/3¼ kuppia) kookosmaitoa

- 2 rkl tamarindipyreetä

- 1 rkl valkoviinietikkaa

- 1 kanelitanko

**Reittiohjeet:**

a) Kuivapaista korianterin siemeniä, kuminan siemeniä, valkopippuria ja folioon käärittyä katkaraputahnaa paistinpannussa keskilämmöllä 2-3 minuuttia tai kunnes tuoksuvat. Anna jäähtyä.

b) pippurit morttelilla tai maustemyllyllä jauheeksi. Käsittele katkaravut monitoimikoneessa, kunnes ne ovat hienonnettu.

c) Laita murskatut mausteet ja katkaravut muiden currytahnan ainesten kanssa monitoimikoneeseen tai huhmareen ja survimeen ja jauha tai jauha tasaiseksi tahnaksi.

d) Kuumenna iso kattila tai wok keskilämmöllä, lisää kookoskerma ja currytahna ja keitä sekoittaen 20 minuuttia tai kunnes seos on paksua ja öljyistä.

e) Lisää kana ja muut ainekset ja keitä hiljalleen 50 minuuttia tai kunnes kana on kypsää. Mausta maun mukaan ja tarjoa heti.

## 50. Vihreä C Chicken Curry

Tekee 4-6 annosta

**ainesosat:**

- 1 tl valkopippuria
- 2 ruokalusikallista korianterin siemeniä
- 1 tl kuminan siemeniä
- 2 ruokalusikallista katkaraputahnaa
- 1 tl merisuolaa
- 4 sitruunaruohon vartta, vain valkoinen osa, hienonnettuna
- 2 rkl hienonnettua galangalia
- 1 kaffir-limetin lehti, hienoksi raastettuna
- 1 rkl hienonnettua korianterinjuurta
- 5 punaista aasialaista salottisipulia hienonnettuna
- 10 valkosipulinkynttä murskattuna

- 16 pitkää vihreää chiliä, siemenet poistettu ja hienonnettu

- 500 ml (17 unssia/2 kuppia) kookoskermaa

- 2 rkl raastettua palmusokeria (jaggery)

- 2 ruokalusikallista kalakastiketta

- 4 kaffir-limetinlehteä, hienoksi raastettuna

- 1 kg (2 lb 4 unssia) broilerin reisi- tai rintafileitä paksuiksi nauhoiksi leikattuna

- 200 g (7 unssia) bambunvarsia, leikattu paksuiksi nauhoiksi

- 100 g (3½ unssia) käärmepapuja (jaardin pituisia), leikattu 5 cm:n pituisiksi

- 1 kourallinen thaibasilikaa

Reittiohjeet:

a) Paahda pippuria, korianterin siemeniä, kuminan siemeniä ja folioon käärittyä katkaraputahnaa pannulla keskilämmöllä 2-3 minuuttia tai kunnes tuoksuvat.

b) Anna jäähtyä. Murskaa tai jauhaa pippurit, korianteri ja kumina huhmarella tai maustemyllyllä jauheeksi.

c) Laita katkaraputahna ja jauhetut mausteet muiden currytahnan ainesten kanssa monitoimikoneeseen tai huhmareen ja survimeen ja käsittele tai jauha tasaiseksi tahnaksi.

d) Laita paksu kookoskerma muottien päältä kattilaan, kiehauta keskilämmöllä välillä sekoittaen ja keitä 5-10 minuuttia tai kunnes seos "halkeaa" (voi alkaa erottua).

e) Lisää 4 ruokalusikallista vihreää currytahnaa ja keitä sitten 15 minuuttia tai kunnes tuoksuu. Lisää pannulle palmusokeri, kalakastike ja kaffir-limetin lehdet.

f) Sekoita joukkoon jäljellä oleva kookoskerma ja kana, bambunversot ja pavut ja keitä 15 minuuttia tai kunnes kana on kypsää. Sekoita joukkoon thaibasilika ja tarjoile.

## 51. Kana- ja tomaatticurrya

Tekee 8-10 annosta

ainesosat:

- 1 ruokalusikallinen voita
- 2 x 1,5 kg (3 lb 5 unssia) kanaa, nivelletty
- 1 sipuli, hienonnettuna
- 1 tl jauhettua neilikkaa
- 1 tl jauhettua kurkumaa
- 2 rkl garam masalaa
- 3 rkl chilijauhetta
- 3 kardemumman paloa
- 3 valkosipulinkynttä murskattuna
- 1 rkl raastettua inkivääriä
- 1 ruokalusikallinen unikonsiemeniä
- 2 ruokalusikallista fenkolin siemeniä
- 250 ml (9 unssia/1 kuppi) kookosmaitoa
- 1 tähtianista

- 1 kanelitanko
- 4 isoa tomaattia, hienonnettuna
- 2 rkl limen mehua

**Reittiohjeet:**

a) Kuumenna öljy suuressa paistinpannussa keskilämmöllä, lisää kana erissä ja kypsennä 5-10 minuuttia tai kunnes se on ruskea, siirrä sitten isoon kattilaan.

b) Lisää sipuli pannulle ja paista sekoittaen 10-12 minuuttia tai kunnes se on kullanruskea. Sekoita jauhettu neilikka, kurkuma, garam masala ja chilijauhe ja keitä sekoittaen 1 minuutti ja lisää sitten kanan joukkoon.

c) Murskaa kardemummapalot kevyesti raskaan veitsen litteällä puolella. Poista siemenet heittämällä palot pois.

d) Laita siemenet ja valkosipuli, inkivääri, unikonsiemenet, fenkolin siemenet ja 2 rkl kookosmaitoa monitoimikoneeseen tai huhmareeseen ja survimeen ja käsittele tai jauha tasaiseksi tahnaksi.

e) Lisää mausteseos, jäljellä oleva kookosmaito, tähtianis, kanelitanko, tomaatti ja 3 rkl vettä kanan joukkoon.

f) Hauduta kannen alla 45 minuuttia tai kunnes kana on kypsää. Poista kana, peitä ja pidä lämpimänä. Kuumenna keittoneste kiehuvaksi ja keitä 20-25 minuuttia tai kunnes se on puolittunut.

g) Aseta kana tarjoilulautaselle, sekoita limen mehu keittonesteeseen ja kaada kanan päälle.

## 52. Kana masala

Tekee 4 annosta

ainesosat:

- 1,5 kg (3 lb 5 unssia) broilerin reisifileitä tai kanan paloja, nahaton
- 2 rkl jauhettua kuminaa
- 2 rkl jauhettua korianteria
- 1½ tl garam masalaa
- 1 tl jauhettua kurkumaa
- 2 sipulia, hienonnettuna
- 4 valkosipulinkynttä, jauhettu
- 5 cm (2 tuuman) pala inkivääriä karkeasti pilkottuna
- 2 kypsää tomaattia, hienonnettuna
- 3 ruokalusikallista gheetä tai öljyä
- 5 neilikkaa
- 8 kardemumman paloja, raastettuna

- 1 kanelitanko
- 10 currylehteä
- 160 g (5¾ oz/2/3 kuppia) kreikkalaistyylistä jogurttia

**Reittiohjeet:**

a) Poista kanasta ylimääräinen rasva. Sekoita kumina, korianteri, garam masala ja kurkuma keskenään ja hiero kanan joukkoon.

b) Laita puolet sipulista valkosipulin, inkiväärin ja hienonnetun tomaatin kanssa monitoimikoneeseen tai huhmareen ja survimeen ja käsittele tai jauha tasaiseksi tahnaksi.

c) Kuumenna ghee tai öljy kattilassa miedolla lämmöllä, lisää loput sipulit, neilikka, kardemumma, kaneli ja currylehdet ja paista kunnes sipuli muuttuu kullanruskeaksi.

d) Lisää tomaatti- ja sipulipasta ja sekoita 5 minuuttia. Mausta suolalla maun mukaan.

e) Lisää jogurtti ja vatkaa tasaiseksi, lisää sitten maustettu kana. Siirrä palat ja kiehauta hitaasti.

f) Pienennä lämpöä, peitä ja hauduta 50 minuuttia tai kunnes voi irtoaa kastikkeesta. Sekoita aineksia silloin tällöin, jotta kana ei tartu kiinni.

## 53. BBQ ankkacurrya litsillä

Tekee 4 annosta

**ainesosat:**

- 1 tl valkopippuria
- 1 tl katkaraputahnaa
- 3 pitkää punaista chiliä, siemenetön
- 1 punasipuli, hienonnettuna
- 2 valkosipulinkynttä
- 2 sitruunaruohon vartta, vain valkoinen osa, ohuiksi viipaleina
- 5 cm (2 tuuman) pala inkivääriä
- 3 korianterin juurta
- 5 kaffirlimetin lehtiä
- 2 ruokalusikallista voita
- 2 rkl jauhettua korianteria
- 1 tl jauhettua kuminaa
- 1 tl punaista paprikaa

- 1 tl jauhettua kurkumaa

- 1 kiinalainen BBQ-ankka

- 400 ml (14 unssia) kookoskermaa

- 1 rkl raastettua palmusokeria (jaggery)

- 2 ruokalusikallista kalakastiketta

- 1 paksu siivu galangalia

- 240 g ($8\frac{1}{2}$oz) säilöttyjä porcini-sieniä, valutettuja

- 400 g (14 unssia) litsejä puoliksi leikattuna

- 250 g (9 unssia) kirsikkatomaatteja

- 1 kourallinen thaibasilikaa hienonnettuna

- 1 kourallinen korianterinlehtiä

**Reittiohjeet:**

a) Paista pippurit ja folioon kääritty katkaraputahna pannulla keskilämmöllä 2-

3 minuuttia tai kunnes tuoksuvat. Anna jäähtyä.

b) Murskaa tai jauhaa pippurit jauheeksi huhmarella ja survin tai maustemyllyllä.

c) Laita murskatut pippurit ja katkaravut muiden currytahnan ainesten kanssa monitoimikoneeseen tai huhmareen ja survimeen ja käsittele tai jauha tasaiseksi tahnaksi.

d) Ankanliha erotetaan luista ja leikataan paloiksi. Kaada paksu kookoskerma kattilan päältä kattilaan, kiehauta keskilämmöllä välillä sekoittaen ja keitä 5-10 minuuttia tai kunnes seos "halkeaa" (voi alkaa erottua).

e) Lisää puolet currytahnasta, palmusokeri ja kalakastike ja sekoita, kunnes palmusokeri on liuennut.

f) Lisää ankka, galangal, olkisienet, litsi, varattu litsisiirappi ja jäljellä oleva kookoskerma. Kuumenna kiehuvaksi ja alenna kiehuvaksi ja keitä 15-20 minuuttia tai kunnes ankka on kypsää.

g) Lisää kirsikkatomaatit, basilika ja korianteri. Mausta maun mukaan. Tarjoile, kun kirsikkatomaatit ovat hieman pehmenneet.

## 54. Curry kanan, manteleiden ja rusinoiden kanssa

Tekee 6 annosta

**ainesosat:**

- 6 kpl kardemumman paloja
- 6 neilikkaa
- 1 tl kuminan siemeniä
- 1 tl chilipippuria
- 2 ruokalusikallista gheetä tai öljyä
- 1 kg (2 lb 4oz) broilerin reisifileitä leikattuna 3 cm:n kuutioiksi
- 1 sipuli, hienoksi pilkottuna
- 3 valkosipulinkynttä murskattuna
- 1½ rkl hienoksi raastettua inkivääriä 2 kanelitankoa
- 2 laakerinlehteä
- 50 g (1¾ unssia/1/3 kuppia), vaalennetut mantelit, kevyesti paahdetut
- 40 g rusinoita

- 250 g (9 unssia/1 kuppi) tavallista jogurttia

- 125 ml (4 unssia/½ kuppi) kanalientä

**Reittiohjeet:**

a) Murskaa kardemummapalot kevyesti raskaan veitsen litteällä puolella. Poista siemenet heittämällä palot pois. Paahda siemeniä sekä neilikkaa, kuminansiemeniä ja chiliä pannulla keskilämmöllä 2-3 minuuttia tai kunnes tuoksuvat.

b) Anna jäähtyä. Murskaa tai jauha jauheeksi morttelilla ja survimella tai maustemyllyllä.

c) Kuumenna ghee tai öljy suuressa, paksupohjaisessa pannussa keskikorkealla lämmöllä. Paista kana erissä ja aseta sivuun.

d) Paista samalla pannulla sipulia, valkosipulia ja inkivääriä miedolla lämmöllä 5-8 minuuttia, kunnes ne pehmenevät. Lisää jauhettu mausteseos, kanelitangot ja laakerinlehdet ja keitä jatkuvasti sekoittaen 5 minuuttia.

e) Palauta mantelit, rusinat ja kana pannulle. Lisää jogurtti lusikallinen kerrallaan sekoittaen, jotta se imeytyy astiaan. Lisätä

f) kanalientä, vähennä lämpöä, peitä ja keitä 40 minuuttia tai kunnes kana on kypsää. Kuori kypsennyksen aikana pintaan nouseva öljy pois ja heitä pois. Mausta hyvin ja tarjoile.

## 55. Vietnamilainen kana curry

Tekee 6 annosta

**ainesosat:**

- 4 isoa kanan reisiä
- 1 ruokalusikallinen intialaista curryjauhetta
- 1 tl tomusokeria (erittäin hienoa) sokeria
- 80 ml voita
- 500 g bataattia, leikattu 3 cm:n kuutioiksi
- 1 iso sipuli, leikattu ohuiksi renkaiksi
- 4 valkosipulinkynttä murskattuna
- 1 sitruunaruohon varsi, vain valkoinen osa, hienonnettuna
- 2 laakerinlehteä
- 1 iso porkkana, leikattu 1 cm:n ($\frac{1}{2}$ tuuman) paloiksi.
- 400 ml (14 unssia) kookosmaitoa

- Thai basilika tarjoiluksi

**Reittiohjeet:**

a) Poista broilerin nahka ja ylimääräinen rasva. Taputtele kuivaksi talouspaperilla ja leikkaa jokainen neljäsosa 3 yhtä suureen osaan. Laita curryjauhe, sokeri, ½ tl pippuria ja 2 tl suolaa kulhoon ja sekoita hyvin.

b) Hiero curryseos kananpalojen joukkoon. Laita kananpalat lautaselle, peitä muovikelmulla ja laita jääkaappiin yön yli.

c) Kuumenna öljy isossa kattilassa. Lisää bataatti ja keitä keskilämmöllä 3 minuuttia tai kunnes se on kevyesti kullanruskea. Poista reikälusikalla.

d) Poista kaikki paitsi 2 ruokalusikallista öljyä pannulta. Lisää sipuli ja paista sekoittaen 5 minuuttia. Lisää valkosipuli, sitruunaruoho ja laakerinlehdet ja keitä 2 minuuttia.

e) Lisää kana ja keitä keskilämmöllä sekoittaen 5 minuuttia tai kunnes se on peittynyt hyvin ja alkaa muuttaa väriä.

f) Lisää 250 ml (9 unssia/1 kuppi) vettä ja hauduta kannen alla, välillä sekoittaen 20 minuuttia.

g) Sekoita joukkoon porkkana, bataatti ja kookosmaito ja keitä kannen alla, välillä sekoittaen, 30 minuuttia tai kunnes kana on kypsää ja mureaa. Varo murskaamasta bataattikuutioita.

h) Tarjoile thaibasilikalla koristeltuna.

# NAUDANliha currylla

## 56. Panang Chili Curry

Tekee 4 annosta

**ainesosat:**

- Panang currytahna, valmistettu, pullotettu, halutessasi
- 2 kiloa ohuiksi viipaloitua istukkaa
- Kosher-suolaa halutessasi
- 1/2 dl öljyä, kasvis
- 4 ohueksi viipaloitua siemenetonta serrano-paprikaa
- 3 hienonnettua limenlehteä, kafiiri
- 2 x 13 & 1/2-oz. tölkit kookosmaitoa, makeuttamatonta
- 1/2 kuppia sokeria, rakeistettua
- 1/4 kuppia kalakastiketta
- 1 tl kuminaa, jauhettu
- Tarjoile: jasmiiniriisiä, höyrytettyjä ja basilikan oksia

- Valinnainen: 4 isoa munaa, paistettu

**Reittiohjeet:**

a) Mausta naudanliha halutulla tavalla kosher-suolaa. Kuumenna öljy isossa pannussa keskilämmöllä. Sekoita valmistettua currytahnaa kypsentäen minuutin ajan, kunnes se tuoksuu.

b) Lisää naudanliha. Sekoita jatkuvasti kypsennyksen aikana 5-8 minuuttia, kunnes se on ruskea.

c) Lisää pannulle kookosmaito, limen lehdet, chili, 1 1/2 kupillista vettä, kumina, kalakastike ja sokeri. Kuumenna kiehuvaksi ja mausta maun mukaan.

d) Lisää vettä tarpeen mukaan keittäessäsi naudanlihaa ja pidä sitä upotettuna 1 1/2-2 tuntia, kunnes naudanliha on kypsää. Tarjoa naudanliha riisin päälle ja ripottele päälle kananmunaa ja basilikaa.

## 57. Kotitekoinen naudanliha curry

Tekee 6 annosta

ainesosat:

Raitalle:

- 2 kurkkua, tuoretta
- Kosher-suolaa halutessasi
- 1 valkosipulinkynsi
- 1/2 dl jogurttia, tavallista
- 1/2 kuppia kreikkalaista jogurttia

Currylle:

- 1 rkl jauhoja, yleiskäyttöinen
- 1 ruokalusikallinen maissitärkkelystä
- 3 rkl öljyä, kasvis
- 2 kiloa 1" viipaloitua naudanlihaa
- Kosher suolaa ja jauhettua mustapippuria halutessasi

- 3 keskikokoista sipulia hienonnettuna
- 1 kuorittu ja raastettu omena
- 3 rkl mirin-kastiketta
- 1 rkl kuorittua, hienonnettua inkivääriä
- 2 hienonnettua valkosipulinkynttä
- 3 rkl curryjauhetta
- 1 rkl kidesokeria
- 1/2 tl melassia, tummaa
- 1 rkl garam masala mausteseosta
- 1 rkl vähänatriumista soijakastiketta
- 4 kupillista lientä, kanaa
- 1/2 kuorittua, siemennettyä, 1/2" kurpitsa leikattua
- 1 kuorittu, 1/2" kuutioitu iso peruna
- 2 kuorittua, leikattua 1/2" isoiksi porkkanaksi
- Tarjoilu: höyrytetty valkoinen riisi

**Reittiohjeet:**

a) Leikkaa kurkut pituussuunnassa puoliksi. Leikkaa ne puolikuuiksi. Kaada keskikokoiseen kulhoon ripaus suolaa.

b) Huuhtele useilla vesijohtoveden vaihdoilla ja purista sitten ylimääräinen neste pois. Laita pieneen kulhoon.

c) Murskaa valkosipuli ja suola (vain ripaus) pastan leikkuulaudalla. Sekoita kurkkujen ja molempien jogurttien kanssa.

d) Mausta halutessasi.

e) Sekoita jauhot 2 ruokalusikalliseen vettä ja tärkkelystä keskikokoisessa kulhossa. Aseta sivuun.

f) Kuumenna öljy isossa kattilassa keskilämmöllä. Mausta jauheliha haluamallasi tavalla. Työskentele kahdessa erässä ja kypsennä naudanlihaa ajoittain kääntämällä 6–8 minuuttia jokaisessa erässä, kunnes lihan kaikki puolet ovat ruskistuneet.

g) Lisää omena ja sipuli. Sekoita ajoittain kypsennyksen aikana 12-15 minuuttia, kunnes sipulit ovat pehmeitä. Lisää mirin, valkosipuli ja inkivääri. Sekoita ajoittain kypsennyksen aikana 5-6 minuuttia, kunnes se on melko tuoksuva.

h) Lisää garam masala, curryjauhe, liemi ja soijakastike. Kuumenna kiehuvaksi ja vähennä sitten lämpöä. Hauduta 30-40 minuuttia, kunnes naudanliha on melkein kypsää.

i) Lisää kurpitsa, porkkanat ja perunat. Peitä astia. Keitä 20-30 minuuttia, kunnes ne ovat kypsiä. Pidä vihannekset veden alla ja lisää vettä tarpeen mukaan.

j) Kasta siivilä curryyn. Vatkaa mäskivarannot siivilän nesteeseen ja sekoita. Kuumenna curry takaisin kiehuvaksi.

k) Vähennä sitten lämpöä. Hauduta 8-10 minuuttia, kunnes se sakenee. Lisää curry riisin päälle ja päälle raita. Palvella.

## 58. Naudanliha ja kookos curry

Tekee 4 annosta

**ainesosat:**

- 1 & 1/2 lbs. 1" naudanlihakuutiosta
- Kosher suola
- 2 rkl öljyä, kasvis
- 2 rkl voita, suolatonta
- 1/2 iso pää valkosipulia, ohuiksi viipaleina
- 4 hienoksi hienonnettua valkosipulinkynttä
- 1 rkl kuorittua inkivääriä, hienonnettuna
- 3 rkl intialaista curryjauhetta, jos sinulla on sitä
- 2 laakerinlehteä, keskikokoinen
- 2 x 13 & 1/2-oz. tölkit kookosmaitoa, makeuttamatonta
- 2 kiloa 2" kuutioituja, kuorittuja perunoita

**Reittiohjeet:**

a) Mausta naudanliha runsaasti koshersuolalla. Kuumenna öljy raskaassa, isossa kattilassa keskilämmöllä. Työskentele erissä, kypsennä naudanlihaa välillä kääntäen 8-10 minuuttia, kunnes se on kauttaaltaan syvän ruskea. Siirrä sitten naudanliha lautaselle.

b) Kaada rasva pois kattilasta, paitsi 1 rkl. Vähennä lämpö keskilämmölle Lisää voi, sipuli, inkivääri ja valkosipuli.

c) Sekoita usein kypsennyksen aikana ja raaputa ruskeita paloja 5-6 minuuttia, kunnes sipuli on läpikuultava.

d) Lisää curry. Sekoita kypsennyksen aikana 3-4 minuuttia, kunnes se alkaa tarttua pannuun. Lisää ja sekoita 1 kuppi vettä, laakerinlehtiä ja kookosmaitoa. Palauta naudanliha isoon kattilaan. Mausta halutessasi. Kuumenna kiehuvaksi ja keitä osittain kannen alla 30-35 minuuttia, kunnes naudanliha on juuri haarukkamaista.

e) Lisää perunat ja kiehauta seos sitten.

f) Jätä peittämättä ja sekoita silloin tällöin kypsennyksen aikana 25-35 minuuttia, kunnes perunat ja naudanliha ovat kypsiä. Mausta maun mukaan ja tarjoile.

## 59. Curry Lihapullat

Tekee 8 annosta

ainesosat:

### Tietoja lihapulleista

- Öljyä, oliiviöljyä tarpeen mukaan
- 6 x 1" leikattua sipulia
- 2 siemenetöntä jalapeñoa
- 6 valkosipulinkynttä
- 1 x 1" pala kuorittua, viipaloitua inkivääriä
- 1 rkl sitruunamehua, tuoretta
- 1 rkl garam masala mausteseosta
- 1 tl korianteria, jauhettu
- 1/2 tl kuminaa, jauhettu
- 1/2 tl mustapippuria, cayenne
- 2 kiloa jauhettua naudanlihaa
- 1 iso muna, vatkattuna
- 3 rkl jogurttia, tavallista

- 2 tl suolaa, kosher

**Currykastikkeelle**

- 1/4 kuppia öljyä, oliiviöljyä
- 4 hienonnettua keskikokoista sipulia
- 10 murskattua valkosipulinkynttä
- 1 & 1/2" kuorittua ja hienonnettua inkivääripalaa
- 3 chiliä, kuivattu
- 4 rkl kuminaa, jauhettu
- 4 rkl curryjauhetta
- 4 ruokalusikallista jauhettua kurkumaa
- 3 rkl korianteria, jauhettu
- 1 tl mustapippuria
- 1 x 14 & 1/2 unssia. tölkki tomaattia, murskattu
- 1 laakerinlehti, keskikokoinen

- 1 rkl suolaa, kosher + lisää halutessasi
- 1 rkl sitruunamehua, tuoretta
- 1/2 tl mustapippuria, cayenne
- Tarjoile: korianterinlehtiä ja herkkiä varsia

**Reittiohjeet:**

a) Kuumenna uuni 400 F. Voitele sokerikakun reunat kevyesti.

b) Soseuta jalapeño, sipuli, inkivääri, valkosipuli, garam masala, sitruunamehu, kumina, chili ja korianteri monitoimikoneessa tasaiseksi.

c) Siirrä seos isoon kulhoon. Lisää naudanliha, jogurtti ja muna. Mausta halutessasi. Sekoita käsilläsi, kunnes seos on tahmeaa, hieman makkaraa muistuttavaa.

d) Pyöritä naudanlihaseoksesta golfpallon kokoisia palloja. Laita pellille ja jätä sentin väliin. Pirskota lisää öljyä. Paista

20-25 minuuttia, kunnes pinta on kypsä ja ruskea.

e) Kuumenna öljy isossa kattilassa keskilämmöllä. Lisää sipuli, inkivääri ja valkosipuli. Sekoita usein kypsennyksen aikana 8-10 minuuttia, kunnes sipulit ovat läpikuultavia ja alkavat ruskistua.

f) Sekoita joukkoon curryjauhe, chili, kurkuma, kumina, pippurit ja korianteri. Sekoita usein kypsennyksen aikana 2-3 minuuttia, kunnes seoksesta tulee tuoksuva ja mausteet alkavat tarttua pannulle.

g) Lisää 2 kupillista vettä, 1 ruokalusikallinen suolaa ja laakerinlehti. Palaa kiehuvaksi. Vähennä lämpötasoa. Hauduta 25-30 minuuttia, kunnes maut sulavat.

h) Anna kastikkeen jäähtyä hieman. Siirrä monitoimikoneeseen ja soseuta hyvin tasaiseksi. Siirrä kastike takaisin kattilaan.

i) Sekoita joukkoon cayenne ja sitruunamehu. Mausta halutessasi.

j) Keitetyt lihapullat kastetaan varovasti kastikkeeseen. Anna kiehua. Keitä 10-15 minuuttia, kunnes lihapullat ovat kypsiä. Ripottele päälle korianteria ja tarjoile .

# 60. Massamanin kasviscurry

Tekee 4-6 annosta

ainesosat:

- 1 ruokalusikallinen voita
- 1 tl korianterin siemeniä
- 1 tl kuminan siemeniä
- 8 neilikkaa
- 1 tl fenkolin siemeniä
- 4 kardemumman siementä
- 6 punaista aasialaista salottisipulia hienonnettuna
- 3 valkosipulinkynttä, jauhettu
- 1 tl sitruunaruohoa, hienonnettuna
- 1 tl galangalia, hienonnettuna
- 4 kuivattua pitkää punaista chiliä
- 1 tl jauhettua muskottipähkinää
- 1 tl jauhettua valkopippuria

- 1 ruokalusikallinen voita
- 250 g (9 unssia) sipulia
- 500 g (1 lb 2 unssia) uusia perunoita
- 300 g porkkanaa, leikattu 3 cm:n paloiksi
- 225 g (8 unssia) sieniä kokonaisina
- 1 kanelitanko
- 1 kaffirlimetin lehti
- 1 laakerinlehti
- 250 ml (9 unssia/1 kuppi) kookoskermaa
- 1 rkl limen mehua
- 3 rkl raastettua palmusokeria (jaggery)
- 1 rkl hienonnettua thaibasilikaa
- 1 ruokalusikallinen murskattuja paahdettuja maapähkinöitä

**Reittiohjeet:**

a) Kuumenna öljy pannulla miedolla lämmöllä, lisää korianterinsiemenet, kuminansiemenet,

b) neilikka, fenkolin siemenet ja kardemumma ja keitä 1-2 minuuttia tai kunnes tuoksuvat.

c) Laita mausteet muiden currytahnan ainesten kanssa monitoimikoneeseen tai huhmareeseen ja survimeen ja käsittele tai jauha tasaiseksi tahnaksi. Lisää hieman vettä, jos se on liian paksua.

d) Kuumenna öljy isossa kattilassa, lisää currytahna ja keitä keskilämmöllä sekoittaen 2 minuuttia tai kunnes tuoksuu.

e) Lisää vihannekset, kanelitanko, limetinlehti, laakerinlehti ja sen verran vettä, että ne peittyvät (noin 500ml/17oz/2 kuppia) ja kuumenna kiehuvaksi. Vähennä lämpöä ja keitä kannen alla, sekoittaen usein, 30-35 minuuttia tai kunnes vihannekset ovat kypsiä.

f) Sekoita joukkoon kookoskerma ja keitä ilman kantta 4 minuuttia usein sekoittaen, kunnes se hieman paksuuntuu. Sekoita joukkoon limen mehu, palmusokeri ja hienonnettu basilika. Lisää hieman vettä, jos kastike on liian kuivaa. Ripottele pinnalle maapähkinöitä ja basilikan lehtiä.

## 61. Thaimaalainen naudanliha ja maapähkinä curry

Tekee 4-6 annosta

**ainesosat:**

- 8-10 pitkää kuivattua pitkää punaista chiliä

- 6 punaista aasialaista salottisipulia hienonnettuna

- 6 valkosipulinkynttä

- 1 tl jauhettua korianteria

- 1 rkl jauhettua kuminaa

- 1 tl jauhettua valkopippuria

- 2 sitruunaruohon vartta, vain valkoinen osa, hienonnettuna

- 1 rkl hienonnettua galangalia

- 6 korianterin juurta

- 2 ruokalusikallista katkaraputahnaa

- 2 rkl paahdettuja maapähkinöitä

- tarvittaessa maapähkinävoita

- 400 ml (14 oz) kookoskermaa (älä ravista tölkkiä)

- 1 kg (2 lb 4 unssia) pyöreä tai teräpihvi ohuiksi viipaleina

- 400 ml (14 unssia) kookosmaitoa

- 4 kaffir-limetinlehteä

- 90 g rapeaa maapähkinävoita

- 3 rkl limetin mehua

- 2½ rkl kalakastiketta

- 2½ rkl raastettua palmusokeria

- Thai basilikaa tarjoiluun (valinnainen)

- 1 rkl hienonnettuja paahdettuja maapähkinöitä, tarjoiluun (valinnainen)

**Reittiohjeet:**

a) Liota chiliä kiehuvassa vedessä 5 minuuttia tai kunnes ne ovat kypsiä. Poista kanta ja siemenet ja hienonna.

b) Laita chilit ja loput currytahnan ainekset monitoimikoneeseen tai huhmareen ja survimeen ja käsittele tai jauha ne tasaiseksi tahnaksi. Lisää hieman maapähkinävoita, jos se on liian paksua.

c) Kaada paksu kookoskerma kattilaan kattilaan, kiehauta keskilämmöllä välillä sekoittaen ja keitä 5-10 minuuttia tai kunnes seos on hajonnut.

d) Lisää 6-8 ruokalusikallista currytahnaa ja keitä sekoittaen 5-10 minuuttia tai kunnes tuoksuu.

e) Lisää naudanliha, jäljellä oleva kookoskerma, kookosmaito, kaffir-limetin lehdet ja maapähkinävoi ja keitä 8 minuuttia tai kunnes naudanliha alkaa juuri muuttaa väriä.

f) Vähennä lämpöä ja hauduta 1 tunti tai kunnes liha on kypsää. Sekoita joukkoon limen mehu, kalakastike ja palmusokeri ja siirrä tarjoiluvadille.

g) Koristele halutessasi basilikanlehdillä ja lisäpähkinöillä.

## 62. Thaimaan punainen naudanliha curry ja munakoiso

Tekee 4 annosta

**ainesosat:**

- 500 g (1 lb 2 unssia ) pyöreä tai päällimmäinen pihvi

- 250 ml (9 unssia/1 kuppi) kookoskermaa (älä ravista pannua)

- 2 rkl valmista punaista currytahnaa

- 2 ruokalusikallista kalakastiketta

- 1 rkl raastettua palmusokeria (jaggery)

- 5 kaffir-limetinlehteä puolitettuna

- 500 ml (17 unssia/2 kuppia) kookosmaitoa

- 8 thaimaalaista omenamunakoisoa (munakoisoa), puolitettuna

- 1 pieni kourallinen thaibasilikaa hienoksi raastettuna

**Reittiohjeet:**

a) Leikkaa liha 2 tuuman (5 cm) paloiksi ja leikkaa sitten poikittain 45 asteen kulmassa 5 mm:n paksuisiksi viipaleiksi.

b) Kaada paksu kookoskerma kattilan päältä kattilaan, kiehauta keskilämmöllä välillä sekoittaen ja keitä 5-10 minuuttia tai kunnes seos "halkeaa" (voi alkaa erottua).

c) Lisää currytahna ja keitä 5 minuuttia tai kunnes se tuoksuu, sekoittaen, jotta se ei tartu pohjaan.

d) Lisää liha ja keitä sekoittaen 3-5 minuuttia tai kunnes se muuttaa väriä. Lisää kalakastike, palmusokeri, kaffir-limetin lehdet, kookosmaito ja jäljellä oleva kookoskerma ja keitä 1 tunti tai kunnes liha on kypsää ja kastike hieman paksuuntunut.

e) Lisää munakoiso ja keitä 10 minuuttia tai kunnes ne ovat kypsiä. Jos kastike on liian paksua, lisää hieman vettä. Sekoita joukkoon basilikan lehdet ja tarjoile.

## 63. Massaman Beef Curry

Tekee 4 annosta

ainesosat:

- 1 ruokalusikallinen tamarindimassaa
- 2 ruokalusikallista voita
- 750 g (1 lb 10 oz) vähärasvaista naudanlihamuhennos kuutioituna
- 500 ml (17 unssia/2 kuppia) kookosmaitoa
- 4 kardemumman paloja, raastettuna
- 500 ml (17 unssia/2 kuppia) purkitettua kookoskermaa
- 2-3 rkl valmista Massaman currytahnaa
- 8 sipulia
- 8 isoa vauvaperunaa, leikattu puoliksi
- 2 ruokalusikallista kalakastiketta
- 2 rkl raastettua palmusokeria
- 70 g suolaamattomia paahdettuja jauhettuja maapähkinöitä

- korianterinlehtiä, tarjoiluun

**Reittiohjeet:**

a) Laita tamarindimassa ja 125 ml (4 oz/½ kuppi) kiehuvaa vettä kulhoon ja laita sivuun jäähtymään. Kun se on jäähtynyt, muussaa massa liukenemaan se veteen, siivilöi ja varaa neste. Hävitä massa.

b) Kuumenna öljy wok-pannussa tai isossa kattilassa ja paista naudanlihaa erissä korkealla lämmöllä 5 minuuttia tai kunnes se on ruskistunut.

c) Alenna lämpöä ja lisää kookosmaito ja kardemumma ja keitä 1 tunti tai kunnes naudanliha on kypsää. Poista naudanliha, siivilöi ja varaa naudanliha ja keittoneste.

d) Laita paksu kookoskerma muottien päältä kattilaan, kiehauta keskilämmöllä välillä sekoittaen ja keitä 5-10 minuuttia tai kunnes seos "halkeaa" (voi alkaa erottua).

e) Lisää currytahna ja keitä 5 minuuttia tai kunnes tuoksuu.

f) Lisää sipuli, perunat, kalakastike, palmusokeri, maapähkinät, naudanliha, varattu kypsennysneste ja tamarindineste ja hauduta 25-30 minuuttia. Koristele tuoreilla korianterinlehdillä.

## 64. Pepper Beef Curry

Tekee 6 annosta

**ainesosat:**

- 1 ruokalusikallinen korianterin siemeniä
- 2 rkl kuminan siemeniä
- 1 tl fenkolin siemeniä
- 1 rkl mustapippuria
- 3 ruokalusikallista voita
- 1 kg (2 lb 4 unssia) naudanlihaa kuutioituna
- 2 sipulia, hienonnettuna
- 2 valkosipulinkynttä murskattuna
- 3 rkl hienoksi raastettua inkivääriä
- 1 punainen chili, siemenetön, hienonnettuna
- 8 currylehteä
- 1 sitruunaruohon varsi, vain valkoinen osa, hienonnettuna

- 2 ruokalusikallista sitruunamehua
- 250 ml (9 unssia/1 kuppi) kookosmaitoa
- 250 ml (9 unssia/1 kuppi) naudanlihalientä

**Reittiohjeet:**

a) Kuivapaahda korianterin siemeniä, kuminan siemeniä, fenkolin siemeniä ja pippuria pannulla keskilämmöllä tai korkealla lämmöllä 2-3 minuuttia tai kunnes tuoksuvat. Anna jäähtyä. Murskaa tai jauha jauheeksi morttelilla ja survimella tai maustemyllyllä.

b) Kuumenna öljy paksussa kattilassa korkealla lämmöllä, paista naudanliha annoksissa ja siirrä sivuun.

c) Alenna lämpö keskilämmölle, lisää sipuli, valkosipuli, inkivääri, chili, currynlehdet ja sitruunaruoho ja keitä 5-6 minuuttia tai kunnes ne ovat pehmenneet. Lisää jauhetut mausteet ja keitä vielä 3 minuuttia.

d) Kaada naudanliha takaisin pannulle ja sekoita hyvin, jotta se peittyy mausteilla. Lisää sitruunamehu, kookosmaito ja lihaliemi ja kuumenna kiehuvaksi.

e) Alenna lämpöä, peitä ja keitä $2\frac{1}{2}$ tuntia tai kunnes naudanliha on hyvin mureaa ja kastike on haihtunut. Kuori kypsennyksen aikana pintaan nouseva öljy pois ja heitä pois.

## 65. Beef rendang

Tekee 6 annosta

**ainesosat:**

- 1,5 kg (3 lb 5 unssia) naudanlihaa
- 2 sipulia, hienonnettuna
- 2 valkosipulinkynttä murskattuna
- 400 ml (14 unssia) kookosmaitoa
- 2 rkl jauhettua korianteria
- 1 tl jauhettua fenkolia
- 2 rkl jauhettua kuminaa
- $\frac{1}{4}$ tl jauhettua neilikkaa
- 4-6 punaista chiliä hienonnettuna
- 1 ruokalusikallinen sitruunamehua
- 1 varsi sitruunaruohoa, vain valkoinen osa, leikattu pituussuunnassa
- 2 rkl raastettua palmusokeria (jaggery)

**Reittiohjeet:**

a) Poista lihasta ylimääräinen rasva tai jänteet ja leikkaa 3 cm:n kuutioiksi. Laita sipuli ja valkosipuli monitoimikoneeseen tai huhmareen ja survimeen ja käsittele tai jauha tasaiseksi tahnaksi.

b) Laita kookosmaito isoon kattilaan ja kuumenna kiehuvaksi, alenna sitten lämpöä keskilämmölle ja keitä välillä sekoittaen 15 minuuttia tai kunnes maito on vähentynyt puoleen ja voi erottunut. Älä anna maidon ruskistua.

c) Lisää korianteri, fenkoli, kumina ja neilikka pannulle ja sekoita 1 minuutti. Lisää liha ja keitä 2 minuuttia tai kunnes se muuttaa väriä. Lisää sipuliseos, chili, sitruunamehu, sitruunaruoho ja sokeri.

d) Keitä kannen alla keskilämmöllä 2 tuntia tai kunnes neste on haihtunut ja seos paksuuntunut. Sekoita usein, jotta se ei tartu vuoan pohjaan.

e) Avaa kansi ja jatka kypsentämistä, kunnes kookosmaidosta alkaa taas tulla öljyä, jolloin curry saa väriä ja makua.

## 66. Naudan ja sinapinsiemen curry

Tekee 6 annosta

ainesosat:

- 3 ruokalusikallista voita
- 2 rkl ruskeita sinapinsiemeniä
- 4 kuivattua punaista chiliä
- 1 rkl keltaisia herneitä
- 200 g (7 unssia) ranskalaista salottisipulia hienoksi pilkottuna
- 8 valkosipulinkynttä murskattuna
- 1 rkl hienoksi raastettua inkivääriä
- 15 currylehteä
- ½ tl jauhettua kurkumaa
- 420 g (15 unssia) säilöttyjä tomaatteja kuutioituna
- 1 kg (2 lb 4 unssia) naudanlihaa kuutioituna

- 435 ml (15½ unssia/1¾ kuppia) naudanlientä

**Reittiohjeet:**

a) Laita öljy paksupohjaiseen kattilaan keskilämmölle, lisää sinapinsiemenet, chili ja pilkotut herneet. Heti kun sinapinsiemenet alkavat rätiseä, lisää salottisipuli, valkosipuli, inkivääri, currylehdet ja kurkuma. Keitä 5 minuuttia ja lisää sitten tomaatit, naudanliha ja liemi.

b) Kuumenna kiehuvaksi ja alenna kiehuvaksi, peitä kansi ja keitä 2 tuntia tai kunnes naudanliha on hyvin mureaa ja kastike on haihtunut. Kuori kypsennyksen aikana pintaan nouseva öljy pois ja heitä pois.

## 67. Naudanlihapullia ja marinoitua valkosipulia

Tekee 4 annosta

ainesosat:

- 450 g (1 lb) jauhettua naudanlihaa
- 3 valkosipulinkynttä murskattuna
- 1 tl valkopippuria
- 1 pieni kourallinen korianterinlehtiä hienonnettuna
- 1 pieni kourallinen thaibasilikaa hienonnettuna
- 1 kevätsipuli (punasipuli), hienonnettuna
- 3 ruokalusikallista kalakastiketta
- 1 muna
- 3 ruokalusikallista voita
- 3 rkl valmista vihreää currytahnaa
- 3 ruokalusikallista hienonnettua inkivääriä
- $1\frac{1}{2}$ tl jauhettua kurkumaa

- 3 ruokalusikallista kalakastiketta
- 3 kaffirlimetin lehtiä
- $2\frac{1}{2}$ rkl tamarindipyreetä
- 3 rkl hienonnettua marinoitua valkosipulia
- $1\frac{1}{2}$ rkl raastettua palmusokeria

**Reittiohjeet:**

a) Lihapullien valmistamiseksi sekoita kaikki ainekset hyvin. Pyörittele seoksesta sitten ruokalusikallinen kerrallaan pieniä palloja. Sinulla pitäisi olla noin 24 palloa.

b) Kuumenna öljy kattilassa keskilämmöllä ja lisää currytahna, inkivääri ja kurkuma ja keitä usein sekoittaen noin 5 minuuttia tai kunnes tuoksuu.

c) Lisää kalakastike, kaffir-limetin lehdet ja tamarindi. Kuumenna kiehuvaksi, peitä kansi, kiehauta ja keitä 5 minuuttia.

d) Lisää lihapullat, marinoitu valkosipuli ja palmusokeri ja keitä 15 minuuttia tai kunnes lihapullat ovat kypsiä.

## 68. Curry basilikalla, naudanlihalla ja mustapippurilla

Tekee 4 annosta

**ainesosat:**

- 2 rkl raastettua inkivääriä

- 2 valkosipulinkynttä murskattuna

- 500 g (1 lb 2oz) ulkofileetä tai pyöreä pihvi

- 250 ml (9 unssia/1 kuppi) kookoskermaa

- 1 rkl valmista keltaista currytahnaa

- 80 ml (2½ oz/1/3 kuppi) kalakastiketta

- 60 g (2¼ oz/1/3 kuppi) raastettua palmusokeria

- 2 sitruunaruohon vartta, vain valkoinen osa, hienonnettuna

- 1 paksu siivu galangalia

- 4 kaffir-limetinlehteä

- 2 tomaattia leikattuna 2 cm:n (¾ tuuman) kuutioiksi.

- 400 g (14 unssia) säilöttyjä bambunversoja, valutettu, leikattu pieniksi paloiksi

- 25 g (1 unssi) thaimaalaisia marinoituja vihreitä pippuria, varressa

- 2 rkl tamarindipyreetä

- 1 iso kourallinen thaibasilikaa hienonnettuna

### Reittiohjeet:

a) Murskaa inkivääri ja valkosipuli karkeaksi tahnaksi morttelissa ja survimessa tai monitoimikoneessa. Leikkaa liha 5 cm:n suikaleiksi x 2 m (2 tuumaa x $\frac{3}{4}$ in ) ja 3 mm (1/8 tuumaa ) paksu.

b) Sekoita inkivääri-valkosipulitahna naudanlihan kanssa ja marinoi 30 minuuttia.

c) Kuumenna puolet kookoskermasta kiehuvaksi kattilassa keskilämmöllä ja alenna kiehuvaksi. Sekoita joukkoon keltainen currytahna ja keitä 3-5 minuuttia. Lisää kalakastike ja palmusokeri ja sekoita, kunnes sokeri liukenee.

d) Nosta lämpöä korkealle, lisää loput ainekset ja 375 ml (13 unssia/$1\frac{1}{2}$ kuppia) vettä ja kuumenna curry kiehuvaksi, alenna sitten kiehuvaksi ja keitä kannen alla 1–$1\frac{1}{4}$ tuntia tai kunnes naudanliha on kypsää.

e) Tarkista mausteet ja säädä lisäämällä kalakastiketta tai palmusokeria tarvittaessa. Sekoita joukkoon jäljellä oleva kookoskerma ja tarjoa heti.

# LAMBAN CURRY

## 69. Lammas dhansak

Tekee 6 annosta

**ainesosat:**

- 100 g (3½ unssia/¾ kuppia) keltaisia linssejä
- 2 rkl kuivattuja keltaisia mungpapuja
- 2 ruokalusikallista kuivattuja kikherneitä
- 3 ruokalusikallista punaisia linssejä
- 1 kuorimaton munakoiso (munakoiso)
- 150 g (5½ unssia) kuorimatonta kurpitsaa
- 2 ruokalusikallista gheetä tai öljyä
- 1 sipuli, hienoksi pilkottuna
- 3 valkosipulinkynttä murskattuna
- 1 rkl raastettua inkivääriä
- 1 kg (2 lb 4 unssia) luutonta karitsan jalkaa tai lapa, leikattu 3 cm:n kuutioiksi
- 1 kanelitanko

- 5 kardemumman paloja, raastettuna

- 3 neilikkaa

- 1 rkl jauhettua korianteria

- 1 tl jauhettua kurkumaa

- 1 tl chilijauhetta tai maun mukaan

- 150 g (5½ unssia) amarantin tai englantilaisen pinaatin lehtiä, leikattu 5 cm:n (2 tuuman) pituisiksi paloiksi

- 2 tomaattia, puolitettuna

- 2 pitkää vihreää chiliä, siemenet poistettu, pituussuunnassa halkaistu

- 3 rkl limetin mehua

**Reittiohjeet:**

a) Liota keltaisia linssejä, keltaisia mungpavuja ja kikherneitä vedessä noin 2 tuntia ja valuta ne hyvin.

b) Laita kaikki neljä pavut kattilaan, lisää 1 litra vettä, peitä ja kuumenna kiehuvaksi.

c) Avaa kansi ja hauduta 15 minuuttia, kuorimalla pinnalle muodostuva vaahto ja sekoittaen ajoittain varmistaaksesi, että kaikki vihannekset kypsyvät samalla nopeudella ja ovat pehmeitä. Valuta pavut ja muussaa kevyesti samanlaisiksi.

d) Keitä munakoisoa ja kurpitsaa kiehuvassa vedessä 10-15 minuuttia tai kunnes ne ovat kypsiä. Kaavi kurpitsan mehevä osa pois ja leikkaa se paloiksi. Kuori munakoiso varovasti (se voi olla hyvin mehevää) ja leikkaa hedelmäliha pieniksi paloiksi.

e) Kuumenna ghee tai öljy pannussa tai karahissa ja paista sipulia, valkosipulia ja inkivääriä 5 minuuttia tai kunnes ne ovat kevyesti ruskeita ja pehmeitä. Lisää lammas ja paista 10 minuuttia tai kunnes tuoksuu.

f) Lisää kaneli, kardemummapalot, neilikka, korianteri, kurkuma ja chilijauhe ja paista 5 minuuttia, jotta aromit kehittyvät. Lisää 170 ml ($5\frac{1}{2}$ oz/n kuppi) vettä, peitä ja hauduta 40 minuuttia tai kunnes lammas on kypsää.

g) Lisää pannulle soseutetut linssit ja kaikki keitetyt ja raa'at kasvikset.

h) Lisää limen mehu ja hauduta 15 minuuttia (jos kastike on liian paksua, lisää hieman vettä). Sekoita hyvin ja tarkista sitten mausteet. Dhansakin tulee olla maukasta, aromaattista, kirpeää ja mausteista.

## 70. Lammas ja peruna curry

Tekee 6 annosta

ainesosat:

- 6 jauhettua valkosipulinkynttä
- 3 rkl curryjauhetta
- 2 rkl tuoretta, jauhettua inkivääri juurta
- 2 rkl garam masala mausteseosta
- 1 tl paprikaa, savustettua
- 1 tl kuivattua timjamia
- 1 tl korianteria, jauhettu
- 1 ja 1/2 tl suolaa, kosher
- 1 tl mustapippuria, jauhettua
- 1/4 tl kuminaa, jauhettu
- 1 rkl öljyä, oliiviöljyä
- 1 tl chilijauhetta
- 2 kiloa lampaan lapakyljyksiä

- 4 x 1/2" kuutioituja keskikokoisia punaisia perunoita

- 1 x 15 oz. tölkki valumattomia, kuutioituja tomaatteja

- 1 kuppi vähänatriumista kanalientä

- 1 pieni hienonnettu sipuli

- Valinnainen: kypsennetty, kuuma ruskea riisi, tarjoiluun

**Reittiohjeet:**

a) Sekoita isossa monitoimikoneessa 1 rkl curryjauhetta 3 valkosipulinkynteen, 1 rkl inkivääriä, 1 tl garam masala - maustesekoitusta, punapippuria, timjamia, chilijauhetta, 1/2 tl kosher-suolaa, jauhettua mustapippuria ja korianteria, jauhettua kuminaa. ja voita.

b) Lisää kirjekuoreen lampaankyljykset. Sulje kirjekuori ja peitä kyljykset kiertämällä kirjekuorta. Jäähdytä 8 tuntia.

c) Laita perunapalat hitaaseen keittimeen. Lisää lammas.

d) Laita liemi, tomaatit, sipuli ja loput valkosipuli ja mausteet monitoimikoneeseen. Peitä ja käsittele, kunnes se on hyvin sekoittunut.

e) Kaada tomaattiseos lampaan ja kuutioitujen perunoiden päälle. Peitä hidas liesi. Keitä, kunnes liha on kypsää, 4-5 tuntia. Poista liha luista ja heitä luut pois.

f) Silppua liha 2 haarukalla. Siivilöi keittomehu ja varaa perunat. Poista rasva mehusta. Palauta lammas, varatut perunat ja keittomehut hitaaseen keittimeen ja kuumenna . Tarjoa halutessasi riisin päälle.

# 71. Karitsan jalka ja jogurtticurry

Tekee 6 annosta

**ainesosat:**

- 3 ruokalusikallista korianterin siemeniä
- 2 rkl kuminan siemeniä
- 1 tl neilikkaa
- 1 tl mustapippuria
- 1 tl chilipippuria
- 1 tl jauhettua kurkumaa
- 2 ruokalusikallista hienonnettua inkivääriä
- 6 valkosipulinkynttä, jauhettu
- 1 pieni sipuli, jauhettu
- 2 ruokalusikallista gheetä tai öljyä
- 6 lampaan jalkaa
- 3 kanelitankoa
- 2 laakerinlehteä

- 375 g (13 unssia/1½ kuppia) tavallista jogurttia

- 625 ml (21½ unssia/2½ kuppia) kanalientä

- Kuumenna uuni 160 °C:seen (315 °F/kaasu 2-3).

**Reittiohjeet:**

a) Kuivaa paahdettuja korianterin siemeniä, kuminan siemeniä, neilikkaa, pippuria, cayennepippuria ja jauhettua kurkumaa pannulla keskilämmöllä 2-3 minuuttia tai kunnes tuoksuvat. Anna jäähtyä. Murskaa tai jauha jauheeksi morttelilla ja survimella tai maustemyllyllä.

b) Laita jauhetut mausteet sekä inkivääri, valkosipuli, sipuli ja 3 ruokalusikallista vettä monitoimikoneeseen tai huhmareeseen ja survimeen ja jauha tai jauha tasaiseksi tahnaksi.

c) Kuumenna suuressa, paksupohjaisessa pannussa ghee tai öljy keskikorkealla lämmöllä ja ruskea varret erissä ja aseta sivuun. Vähennä lämpöä alhaiseksi. Lisää pannulle inkiväärimauste ja keitä 5–8 minuuttia.

d) Lisää kaneli, laakerinlehdet ja jogurtti pannulle lusikallinen kerrallaan hyvin sekoittaen, jotta se sekoittuu tasaiseksi. Lisää kanaliemi ja sekoita hyvin tasaiseksi.

e) Aseta varret suureen, raskaaseen astiaan, jossa ne mahtuvat yhteen kerrokseen, ja kaada sitten jogurttikastiketta varsien päälle. Käännä varret niin, että ne peittyvät kastikkeella ja peitä kannella tai foliolla.

f) Paista uunissa noin 3 tuntia tai kunnes lammas irtoaa luusta kääntäen jalat puolivälissä. Kun otat pois uunista, kuori pintaan nouseva öljy pois ja hävitä.

g) Nosta varret kastikkeesta tarjoiluvadille. Mausta kastike hyvin maun mukaan, sekoita tasaiseksi ennen kuin lusikkaat varsien päälle.

## 72. Lampaan jalka

Tekee 4 annosta

**ainesosat:**

- 1 kg (2 lb 4 unssia) lampaanreittä
- 1 sipuli hienonnettuna plus 1 sipuli viipaloituna
- 2 rkl raastettua inkivääriä
- 4 valkosipulinkynttä
- 2 rkl jauhettua korianteria
- 2 rkl jauhettua kuminaa
- 1 tl kardemumman siemeniä
- 1 tl neilikkaa
- 1 tl jauhettua kanelia
- 3 pitkää vihreää chiliä, siemenet poistettu ja hienonnettu
- 2 ruokalusikallista gheetä tai öljyä
- $2\frac{1}{2}$ rkl tomaattipyreetä

- 125 g (4½ unssia/½ kuppi) tavallista jogurttia

- 125 ml (4 unssia/½ kuppi) kookoskermaa

- 50 g (1¾ oz/½ kuppi) jauhettuja manteleita

- paahdettuja manteliviipaleita tarjoiluun

**Reittiohjeet:**

a) Leikkaa karitsasta ylimääräinen rasva tai jänne, leikkaa 3 cm:n (1¼ tuuman) kuutioiksi ja laita se suureen kulhoon.

b) Laita hienonnettu sipuli, inkivääri, valkosipuli, korianteri, kumina, kardemummansiemenet, neilikka, kaneli, cayennepippuri ja ½ tl suolaa monitoimikoneeseen tai huhmareeseen ja survimeen ja jauha tai jauha tasaiseksi tahnaksi.

c) Lisää maustetahna karitsaan ja sekoita hyvin peitoksi. Anna marinoitua 1 tunti.

d) Kuumenna ghee tai öljy isossa kattilassa, lisää hienonnettu sipuli ja kypsennä miedolla lämmöllä 7 minuuttia tai kunnes sipuli on pehmeää.

e) Nosta lämpö keskikorkealle ja lisää lampaanlihaseos ja keitä jatkuvasti sekoittaen 8-10 minuuttia tai kunnes lammas vaihtaa väriä.

f) Sekoita joukkoon tomaattipyree, jogurtti, kookoskerma ja jauhetut mantelit. Vähennä lämpöä ja hauduta kannen alla, välillä sekoittaen, noin 1 tunti tai kunnes liha on hyvin mureaa. Lisää hieman vettä, jos seos kuivuu liikaa.

g) Mausta hyvin suolalla ja pippurilla ja tarjoile manteliviipaleilla koristeltuna.

## 73. Lammas Rogan Josh

Tekee 6 annosta

**ainesosat:**

- 8 valkosipulinkynttä murskattuna
- 3 rkl raastettua inkivääriä
- 2 rkl jauhettua kuminaa
- 1 tl chilijauhetta
- 2 rkl punaista paprikaa
- 2 rkl jauhettua korianteria
- 1 kg (2 lb 4 unssia) luutonta karitsan jalkaa tai lapa, leikattu 3 cm:n kuutioiksi
- 3 ruokalusikallista gheetä tai öljyä
- 1 sipuli, hienoksi pilkottuna
- 6 kardemumman paloja, raastettuna
- 4 neilikkaa
- 2 intialaista laakerinlehteä (cassia).
- 1 kanelitanko

- 185 g (6½ oz/¾ kuppi) kreikkalaistyylistä jogurttia

- 4 säiettä sahramia sekoitettuna 2 ruokalusikalliseen maitoa

- ¼ tl garam masalaa

**Reittiohjeet:**

a) Yhdistä valkosipuli, inkivääri, kumina, chilijauhe, paprika ja korianteri suuressa kulhossa. Lisää liha ja sekoita hyvin peitoksi. Peitä ja marinoi vähintään 2 tuntia tai yön yli jääkaapissa.

b) Kuumenna ghee tai öljy tulenkestävässä kattilassa tai karahissa miedolla lämmöllä. Lisää sipuli ja paista noin 10 minuuttia tai kunnes sipuli on kevyesti ruskea. Poista astiasta.

c) Lisää vuokaan kardemummapalot, neilikka, laakerinlehdet ja kaneli ja paista 1 minuutti.

d) Vähennä lämpöä, lisää liha ja sipuli, sekoita hyvin ja paista 2 minuuttia. Sekoita hyvin, alenna sitten lämpöä, peitä ja keitä 15 minuuttia.

e) Avaa kansi ja paista vielä 3-5 minuuttia tai kunnes liha on täysin kuivaa. Lisää 100 ml ($3\frac{1}{2}$ oz) vettä, peitä ja keitä 5-7 minuuttia, kunnes vesi on haihtunut ja öljy erottunut ja kellunut pinnalle.

f) Ruskista lihaa vielä 1-2 minuuttia ja lisää sitten 250 ml (9 unssia/1 kuppi) vettä. Peitä ja kypsennä 40-50 minuuttia hiljalleen kiehuen, kunnes liha on kypsää. Neste vähenee jonkin verran.

g) Sekoita joukkoon jogurtti, kun liha on melkein kypsää, varo, ettei liha tartu vuoan pohjaan. Lisää sahrami ja maito. Sekoita seosta muutaman kerran lisätäksesi sahrami. Mausta suolalla maun mukaan.

h) Ota pois lämmöltä ja ripottele päälle garam masalaa.

## 74. Baltian lammas

Tekee 4 annosta

ainesosat:

- 1 kg (2 lb 4 unssia) lampaan pihvejä, leikattu 3 cm:n kuutioiksi

- 2 rkl valmista balti masalatahnaa

- 2 ruokalusikallista gheetä tai öljyä

- 3 valkosipulinkynttä murskattuna

- 1 rkl garam masalaa

- 1 iso sipuli, hienonnettuna

- 2 rkl hienonnettua korianterinlehteä, plus koristeeksi

Reittiohjeet:

a) Kuumenna uuni 190 ° C :seen (375 ° F / kaasu 5). Laita liha, 1 rkl balti masalatahnaa ja 375 ml (13 oz/1½ kuppia) kiehuvaa vettä isoon vuokaan tai karahiin ja sekoita. Kypsennä peitettynä uunissa

30-40 minuuttia tai lähes kypsiä. Valuta, varaa liemi.

b) Kuumenna ghee tai öljy wokissa, lisää valkosipuli ja garam masala ja paista keskilämmöllä 1 minuutti. Lisää sipuli ja paista 5-7 minuuttia tai kunnes sipuli on pehmeää ja kullanruskeaa.

c) Lisää lämpöä, lisää jäljellä oleva balti masala tahna ja lammas. Keitä 5 minuuttia, jotta liha ruskistuu. Lisää varovasti liemi ja keitä miedolla lämmöllä välillä sekoittaen 15 minuuttia.

d) Lisää hienonnetut korianterinlehdet ja 185 ml (6 oz/¾ kuppi) vettä ja keitä 15 minuuttia tai kunnes liha on kypsää ja kastike hieman paksuuntunut.

e) Mausta suolalla ja vastajauhetulla pippurilla ja koristele lisää korianterinlehtiä.

## 75. Sour Lamb ja Bamboo Curry

Tekee 4 annosta

**ainesosat:**

- 1 tl valkopippuria
- 1 tl katkaraputahnaa
- 30 g (1 unssi) kuivattuja katkarapuja
- 6 vihreää sipulia, viipaloitu
- 60 g (2¼ unssia) hienonnettua jalapeño-paprikaa
- 2 sitruunaruohon vartta, vain valkoinen osa, ohuiksi viipaleina
- 6 valkosipulinkynttä murskattuna
- 4 korianterinjuurta, hienonnettuna
- 2 tl jauhettua galangalia
- 1 tl chilijauhetta
- 80 ml (2½ oz/1/3 kuppi) kalakastiketta
- 80 ml (2½ unssia/1/3 kuppia) limetin mehua

- 1 tl jauhettua kurkumaa

- 500 g (1 lb 2 unssia) luutonta lampaanreittä, leikattu ylimääräisestä rasvasta

- 1 ruokalusikallinen voita

- 1 rkl raastettua palmusokeria (jaggery)

- 250 ml (9 unssia/1 kuppi) kookoskermaa

- 60 g ($2\frac{1}{4}$ oz/$\frac{1}{4}$ kuppi) tamarindipyreetä

- $1\frac{1}{2}$ rkl kalakastiketta

- 400 g (14 unssia) säilöttyjä bambunversoja paksuiksi viipaleiksi leikattuna

- 200 g vihreitä papuja, leikattu 4 cm:n ($1\frac{1}{2}$ tuuman) pituisiksi paloiksi.

Reittiohjeet:

a) Paista pippurit ja folioon kääritty katkaraputahna pannulla keskilämmöllä 2-3 minuuttia tai kunnes tuoksuvat. Anna jäähtyä. Murskaa tai jauha jauheeksi morttelilla ja survimella tai maustemyllyllä.

b) Käsittele kuivatut katkaravut monitoimikoneessa, kunnes ne ovat hienonnettu - muodostaen "nauhan".

c) Laita murskatut pippurit, katkaraputahna ja kuivatut katkaravut muiden currytahnan ainesten kanssa monitoimikoneeseen tai huhmareeseen ja survimeen ja käsittele tai jauha tasaiseksi tahnaksi.

d) Leikkaa lammas 5 cm x 2 cm (2 tuumaa x $\frac{3}{4}$ tuumaa) ja 3 mm (1/8 tuumaa) paksuiksi suikaleiksi. Kuumenna öljy kattilassa keskilämmöllä ja lisää 2-3 ruokalusikallista pastaa. Sekoita jatkuvasti samalla kun lisäät palmusokeria. Kun palmusokeri on liuennut, lisää lammas sekoittaen noin 7 minuuttia tai kunnes se on kevyesti kullanruskea.

e) Lisää kookoskerma, 250 ml (9 unssia/1 kuppi) vettä, tamarindi, kalakastike ja bambu. Kuumenna kiehuvaksi, alenna sitten lämpöä ja keitä noin 20 minuuttia tai kunnes se on kypsää.

f) Lisää pavut ja keitä vielä 3 minuuttia. Mausta maun mukaan ja tarjoile.

# 76. Lammasta korianterilla

Tekee 6 annosta

ainesosat:

- 1½ ruokalusikallista hienonnettua inkivääriä

- 2½ rkl sitruunamehua

- 1 kg (2 paunaa 4 unssia) lampaan jalkaa tai lapa kuutioituna

- 1½ rkl korianterin siemeniä

- 1 tl mustapippuria

- 2 tomaattia, hienonnettuna

- 2 rkl tomaattipyreetä

- 3 pitkää vihreää chiliä, siemenet poistettu ja hienonnettu

- 1 kourallinen korianterinvarsia ja juuria karkeasti hienonnettuna

- 3 ruokalusikallista voita

- 250 ml (9 unssia/1 kuppi) kanalientä

- 2 rkl tavallista jogurttia

- 1 iso kourallinen korianterinlehtiä hienoksi pilkottuna tarjoiluun

**Reittiohjeet:**

a) Laita valkosipuli, inkivääri, sitruunamehu ja tarpeeksi vettä monitoimikoneeseen tai survimeen tahnaksi ja käsittele tai jauha tasaiseksi tahnaksi.

b) Laita lammas ei-metalliseen kulhoon, lisää valkosipulitahna ja sekoita hyvin. Peitä ja jäähdytä 2 tuntia.

c) Paahda korianterin siemeniä ja pippuria pannulla keskilämmöllä 2-3 minuuttia tai kunnes ne tuoksuvat. Anna jäähtyä. Murskaa tai jauha jauheeksi morttelilla ja survimella tai maustemyllyllä.

d) Laita jauhetut mausteet, tomaatit, tomaattipyree, chilit ja korianterin varret ja juuret monitoimikoneeseen tai huhmareeseen ja survimeen ja jauha tai jauha tasaiseksi tahnaksi.

e) Kuumenna öljy raskaassa kattilassa keskilämmöllä. Paista lammasta annoksissa. Kun kaikki lammas on kypsä, palaa pannulle tomaattichilipyree ja liemi kanssa.

f) Kuumenna kiehuvaksi, alenna kiehuvaksi, peitä ja keitä 1½ tuntia, poista kansi ja keitä vielä 15 minuuttia tai kunnes lammas on hyvin mureaa. Kuori kypsennyksen aikana pintaan nouseva öljy pois ja heitä pois.

g) Ota pois lämmöltä ja sekoita varovasti joukkoon jogurtti, koristele hienonnetuilla korianterinlehdillä ja tarjoile.

## 77. Lammasta ja pinaatti currya

Tekee 6 annosta

**ainesosat:**

- 2 ruokalusikallista korianterin siemeniä
- 1½ tl kuminan siemeniä
- 3 ruokalusikallista voita
- 1 kg (2 lb 4 unssia) luutonta karitsan jalkaa tai lapa, leikattu 2,5 cm:n kuutioiksi
- 4 sipulia, hienonnettuna
- 2 neilikkaa
- kardemumma paloja
- 1 kanelitanko
- 10 mustapippuria
- 4 intialaista laakerinlehteä (cassia).
- 3 rkl garam masalaa
- ¼ tl jauhettua kurkumaa

- 1 tl punaista paprikaa

- 1½ rkl raastettua inkivääriä

- 4 valkosipulinkynttä murskattuna

- 185 g (6½ oz/¾ kuppi) kreikkalaistyylistä jogurttia

- 450 g (1 lb) amarantin tai englantilaisen pinaatin lehtiä karkeasti pilkottuna

**Reittiohjeet:**

a) Kuivapaahda korianteria ja kuminan siemeniä pannulla keskilämmöllä tai korkealla lämmöllä 2-3 minuuttia tai kunnes tuoksuvat. Anna jäähtyä. Murskaa tai jauha jauheeksi morttelilla ja survimella tai maustemyllyllä.

b) Kuumenna öljy uunivuoassa miedolla lämmöllä ja paista useita lihapaloja kerrallaan ruskeiksi. Poista astiasta.

c) Lisää vuokaan tarvittaessa öljyä ja paista sipulia, neilikkaa, kardemummaa, kanelitankoa, pippuria ja laakerinlehtiä, kunnes sipuli on vaaleanruskea. Lisää kumina ja korianteri, garam masala, kurkuma ja paprika ja paista 30 sekuntia.

d) Lisää liha, inkivääri, valkosipuli, jogurtti ja 15 unssia (425 ml) vettä ja kiehauta. Alenna lämpöä kiehuvaksi, peitä ja keitä 1½-2 tuntia tai kunnes liha on hyvin mureaa.

e) Tässä vaiheessa suurimman osan vedestä olisi pitänyt haihtua. Jos ei, poista kansi, lisää lämpöä ja keitä, kunnes kosteus on haihtunut.

f) Keitä pinaatti hetken aikaa pienessä kiehuvassa vedessä kypsäksi ja jäähdytä sitten kylmään veteen. Valuta huolellisesti ja leikkaa sitten hienoksi. Purista ylimääräinen vesi pois.

g) Lisää pinaatti karitsaan ja keitä 3 minuuttia tai kunnes pinaatti ja lammas ovat hyvin sekoittuneet ja ylimääräinen neste on haihtunut.

## 78. Karitsan jauheliha appelsiinin kanssa

Tekee 6 annosta

**ainesosat:**

- 3 ruokalusikallista voita
- 2 sipulia, hienonnettuna
- 4 valkosipulinkynttä murskattuna
- 3 rkl hienoksi raastettua inkivääriä
- 2 rkl jauhettua kuminaa
- 2 rkl jauhettua korianteria
- 1 tl jauhettua kurkumaa
- 1 tl chilipippuria
- 1 tl garam masalaa
- 1 kg (2 lb 4 unssia) jauhettua (jauhettua) lammasta
- 90 g (3¼ unssia/1/3 kuppia) tavallista jogurttia
- 250 ml (9 unssia/1 kuppi) appelsiinimehua

- 2 ruokalusikallista appelsiinin kuorta

- 1 laakerinlehti

- 1 pitkä vihreä chili, siemenet poistettu, hienonnettuna

- 1 kourallinen korianterinlehtiä karkeasti hienonnettuna

- 1 kourallinen minttu, karkeasti pilkottuna

**Reittiohjeet:**

a) Kuumenna öljy suuressa, paksupohjaisessa pannussa keskilämmöllä. Lisää sipuli, valkosipuli ja inkivääri ja kuullota 5 minuuttia. Lisää kumina, korianteri, kurkuma, chili ja garam masala ja keitä vielä 5 minuuttia.

b) Nosta lämpöä korkeaksi, lisää jauhettu lammas ja kypsennä koko ajan sekoittaen, jotta liha hajoaa. Lisää jogurtti ruokalusikallinen kerrallaan sekoittaen, jotta se sekoittuu hyvin. Lisää appelsiinimehu, kuori ja laakerinlehti.

c) Kuumenna kiehuvaksi ja alenna kiehuvaksi, peitä ja keitä 45 minuuttia tai kunnes ne ovat kypsiä. Kuori kypsennyksen aikana pintaan nouseva öljy pois ja heitä pois.

d) Mausta hyvin maun mukaan ja sekoita joukkoon vihreät chilit, korianteri ja minttu ennen tarjoilua.

## 79. Mint Lamb Curry

Tekee 6 annosta

**ainesosat:**

- 1 kg (2 lb 4 unssia) lampaan lapa, leikattu 2 cm:n ($\frac{3}{4}$ tuuman) kuutioiksi

- 4 sipulia, hienonnettuna

- 3 valkosipulinkynttä murskattuna

- 3 ruokalusikallista hienonnettua inkivääriä

- 1 tl chilipippuria

- 1 tl kurkumaa

- 125 ml (4 unssia/$\frac{1}{2}$ kuppi) kanalientä

- 1 kourallinen korianterin lehtiä ja varsia

- 1 kourallinen minttua

- 3 pitkää vihreää chiliä

- 3 ruokalusikallista sitruunamehua

- 1 tl sokeria

**Reittiohjeet:**

a) Laita lammas, sipuli, valkosipuli, inkivääri, chili, kurkuma ja kanaliemi raskaaseen kattilaan keskilämmöllä.

b) Kuumenna kiehuvaksi, alenna lämpöä, peitä ja keitä 2 tuntia. Kuori pinta öljyn poistamiseksi ja hävitä.

c) Laita korianterinlehdet ja -varret, mintunlehdet, vihreät chilit, sitruunamehu ja 2 rkl currykeitinnestettä monitoimikoneeseen tai huhmareeseen ja survimeen ja jauha tai pulssi tasaiseksi.

d) Kaada joukkoon lammasseos, laita takaisin lämmölle, kunnes se taas kiehuu.

e) Lisää sokeri, mausta hyvin maun mukaan ja tarjoile.

## 80. Lammas paita

Tekee 6 annosta

**ainesosat:**

- 2 sipulia, hienonnettuna
- 1 rkl raastettua inkivääriä
- 4 valkosipulinkynttä murskattuna
- 1 tl jauhettua kanelia
- 3 ruokalusikallista gheetä tai öljyä
- 1kg (2lb 4oz) lampaan lapa kuutioituna
- 125 g (4½ unssia/½ kuppi) tavallista jogurttia
- 250 ml (9 unssia/1 kuppi) kanalientä
- 40 g rapeaksi paistettua sipulia
- 3 punaista chiliä, siemenet, hienonnettuna
- 1 ruokalusikallinen sokeria
- 3 rkl limetin mehua

**Reittiohjeet:**

a) Laita sipuli, inkivääri, valkosipuli, kaneli ja 3 ruokalusikallista vettä monitoimikoneeseen tai survin ja käsittele tai jauha tasaiseksi tahnaksi.

b) Kuumenna ghee tai öljy paksupohjaisessa kattilassa korkealla lämmöllä. Ruskista lammas erissä ja aseta sivuun.

c) Alenna lämpöä, lisää sipulitahna ja keitä 5 minuuttia koko ajan sekoittaen. Laita lammas takaisin pannulle ja sekoita tasaiseksi, lisää jogurtti lusikallinen kerrallaan hyvin sekoittaen.

d) Lisää kanaliemi ja paistetut sipulit. Kuumenna kiehuvaksi, peitä ja hauduta 2 tuntia. Kuori kypsennyksen aikana pintaan nouseva öljy pois ja heitä pois.

e) Kun lammas on kypsää, lisää chilit, sokeri ja limetin mehu ja keitä vielä 5 minuuttia ennen tarjoilua.

# SIANLIHACURRY

## 81. Porsaan sisäfilettä vihreässä curryssa

Tekee 4 annosta

ainesosat:

Fileelle:

- 1/4 kuppia vähänatriumista soijakastiketta
- 2 rkl appelsiinimehua, tuoretta
- 1 rkl vaahterasiirappia, puhdasta
- 1 rkl seesamiöljyä, paahdettua
- 1 x 1 & 1/2-lb. porsaan sisäfilee
- Suola, kosher, halutessasi
- 1 ruokalusikallinen rypäleensiemenöljyä

Kokoamista ja kastiketta varten:

- 1 ruokalusikallinen + 1/2 kuppi rypäleensiemenöljyä
- 1 keskikokoinen salottisipuli hienonnettuna

- 1 valkosipulinkynsi

- 1/4 kuppia vihreää currytahnaa, keitetty

- 1 tl limen kuorta, hienoksi raastettuna

- 1 x 14 & 1/2 unssia. tölkki kookosmaitoa, makeuttamatonta

- 1 rkl agavenektaria

- 1 rkl limen mehua, tuoretta

- 1/4 kuppia korianterinlehtiä + ylimääräistä tarjoilua varten

- Paahdettuja, suolaamattomia kurpitsansiemeniä

**Reittiohjeet:**

a) Valmista sisäfilee yhdistämällä vaahterasiirappi, appelsiinimehu, soijakastike ja seesamiöljy suuressa monitoimikoneessa. Lisätä

b) sisäfileetä, paina sitten ilma ulos ja sulje pussi. Käännä kerran jäähdyttäen 8-12

tuntia. Poista sitten filee. Hävitä
marinadi. Mausta halutessasi.

c) Kuumenna uuni 250 F. Kuumenna öljy isossa uuninkestävässä pannussa keskilämmöllä. Kääntele filettä ajoittain kypsennyksen aikana 5-7 minuuttia, kunnes se on ruskeaa joka puolelta. Siirrä pannu uuniin. Paista 250 F 20-25 minuuttia. Siirrä liha leikkuulaudalle ja anna levätä 10+ minuuttia ennen viipalointia.

d) Kuumenna 1 rkl voita isossa pannussa keskilämmöllä. Sekoita valkosipulia ja salottisipulia usein kypsentäen 3-4 minuuttia, kunnes ne ovat pehmeitä. Lisää currytahna ja limen kuori. Sekoita jatkuvasti kypsennyksen aikana 4-5 minuuttia, kunnes pasta on tuoksuvaa ja hieman tummempaa.

e) Lisää kookosmaito. Anna seoksen kiehua. Keitä 20-25 minuuttia, kunnes se on puolittunut. Anna curryseoksen jäähtyä.

f) Siirrä curryseos monitoimikoneeseen. Lisää limettimehu, agave, 2 rkl vettä ja 1/4 kuppia korianteria. Sekoita täysin tasaiseksi. Lisää viimeinen 1/2 kupillista öljyä yhtenä tasaisena virtana. Sekoita sitten, kunnes kastike on emulgoitunut ja paksua. Siirrä pienelle alustalle.
Kuumenna keskilämmöllä lämpimäksi. Tarjoile porsaanlihaa ja kastiketta kurpitsansiemenillä ja korianterilla koristeltuina.

## 82. Omena ja porsaan curry

Tekee 8 annosta

**ainesosat:**

- 2 kiloa luutonta 1" kuutioitua paahdettua porsaan sisäfileetä
- 1 kuorittu, viipaloitu omena, keskikokoinen
- 1 hienonnettu sipuli, pieni
- 1/2 kuppia appelsiinimehua
- 1 jauhettu valkosipulinkynsi
- 1 tl rakeista kanalientä
- 1 rkl curryjauhetta
- 1/2 tl kosher-suolaa
- 1/2 tl inkivääriä, jauhettu
- 1/4 tl kanelia, jauhettu
- 2 ruokalusikallista maissitärkkelystä
- 2 rkl vettä, kylmää

- Valinnainen: keitetty, kuuma riisi

- 1/4 kuppia paahdettua, silputtua, makeutettua kookosta

- 1/4 kuppia rusinoita

**Reittiohjeet:**

a) Yhdistä pienessä liedessä 10 ensimmäistä yllä olevaa ainesosaa. Peitä hidas liesi. Keitä miedolla lämmöllä 6 tuntia (ehkä vähemmän, kunhan liha on mureaa).

b) Nosta hidas liesi korkealle. Vatkaa pienessä kulhossa vesi ja maissitärkkelys tasaiseksi vaahdoksi. Lisää ja sekoita hitaaseen keittimeen. Aseta kansi takaisin paikalleen. Sekoita kerran kypsennyksen aikana, kunnes se paksuuntuu, 1/2 tuntia. Tarjoile riisin kanssa lautasilla tai kulhoissa. Ripottele pinnalle kookosta ja rusinoita, jos käytät.

## 83. Curry porsaanlihaa

Tekee 4 annosta

**ainesosat:**

- 1 x 13 & 1/2 unssia. tölkki kookosmaitoa, makeuttamatonta
- 2 ruokalusikallista kalakastiketta
- 2 rkl vähänatriumista soijakastiketta
- 1 rkl kidesokeria
- 1 tl suolaa, kosher
- 3/4 tl mustapippuria, valkoista
- 1/2 tl kurkumaa, jauhettu
- 1/2 tl curryjauhetta
- 3/4 dl kondensoitua maitoa, makeutettua
- 1 & 1/2 lbs. 4 x 1/2" porsaan lapa, leikattu suikaleiksi, luuton
- 4 unssia. 1/2"-leikattuista rasvapaloista

**Reittiohjeet:**

a) Kuumenna kookosmaito, soijakastike, kalakastike, suola, jauhettu pippuri, sokeri, kurkuma ja curry kiehuvaksi keskikokoisessa kattilassa välillä sekoittaen. Vähennä lämpöä. Hauduta 10-15 minuuttia, kunnes maut sulavat ja kastike alkaa kuplia.

b) Siirrä seos isoon kulhoon. Anna jäähtyä hieman ja sekoita sitten kondensoituun maitoon. Maista kastike ja mausta haluamallasi tavalla.

c) Lisää sianliha. Sekoita sianlihaa käsin hieroen. Peittää. Jäähdytä tunnin ajan.

d) Valmistele grilli keskilämmölle.

e) Pujota 1 pala rasvaa vartaiden keskelle. Lanka sianlihalla. Kääntele ajoittain grillauksen aikana 4-5 minuuttia, kunnes se on kypsää ja kevyesti hiiltynyt. Palvella.

## 84. Porsaan currya munakoisolla

Tekee 6 annosta

**ainesosat:**

- 4 pitkää punaista chiliä, halkaistu pituussuunnassa, siemenet

- 1 paksu galangaliviipale, hienonnettuna

- 1 pää tuoretta sipulia (mustasipulia), hienonnettuna

- 2 valkosipulinkynttä, jauhettu

- 2 korianterinjuurta, hienonnettuna

- 1 varsi sitruunaruohoa, vain valkoinen osa, ohuiksi viipaleina

- 1 tl jauhettua valkopippuria

- 1 tl katkaraputahnaa

- 1 tl kalakastiketta

- 2 ruokalusikallista rapeaa maapähkinävoita

- 600 g (1 lb 5oz) porsaan lapa

- 1 paksu siivu inkivääriä

- 2 rkl raastettua palmusokeria

- 80 ml (2½ oz/1/3 kuppi) kalakastiketta

- 400 ml (14 oz) kookoskermaa (älä ravista tölkkiä)

- 250 g (9 unssia) munakoisoa (munakoiso), leikattu 2 cm:n (¾ tuuman) kuutioiksi

- 225 g (8 unssia) säilöttyjä bambunversoja tai 140 g (5 unssia) valutettuja, hienonnettuja

- 1 iso kourallinen thaibasilikaa hienonnettuna

**Reittiohjeet:**

a) Laita hienonnetut chilit matalaan kulhoon ja peitä sen verran kuumaa vettä, että ne peittyvät ja anna levätä 15 minuuttia tai kunnes ne ovat kypsiä. Valuta, varaa 1 ruokalusikallinen liotusnestettä.

b) Laita chilit ja varattu liotusneste muiden currytahnan ainesten kanssa, paitsi maapähkinävoita, monitoimikoneeseen tai huhmareen ja survimeen ja käsittele tai jauha tasaiseksi tahnaksi. Sekoita joukkoon maapähkinävoi.

c) Leikkaa sianliha 1 cm:n ($\frac{1}{2}$ tuuman) paksuisiksi viipaleiksi. Laita kattilaan ja peitä vedellä. Lisää siivu inkivääriä, 1 rkl palmusokeria ja 1 rkl kalakastiketta.

d) Kuumenna kiehuvaksi korkealla lämmöllä, alenna kiehuvaksi ja keitä 20-25 minuuttia tai kunnes liha on kypsää.

e) Poista lämmöltä ja anna lihan jäähtyä nestemäisessä liemessä. Siivilöi sitten ja varaa 250 ml (9 unssia/1 kuppi) keittonestettä.

f) Kaada paksu kookoskerma kattilan päältä kattilaan, kiehauta keskilämmöllä välillä sekoittaen ja keitä 5-10 minuuttia tai kunnes seos "halkeaa" (voi alkaa erottua).

g) Lisää currytahna ja jäljellä oleva palmusokeri ja kalakastike ja kuumenna kiehuvaksi. Alenna kiehuvaksi ja keitä noin 3 minuuttia tai kunnes tuoksuu.

h) Lisää sianliha, munakoiso, hienonnettu bambu, varattu porsaan kypsennysneste ja jäljellä oleva kookoskerma.

i) Lisää lämpöä ja kuumenna takaisin kiehuvaksi ennen kuin lasket kiehumaan ja keitä vielä 20-25 minuuttia tai kunnes munakoiso on kypsää ja kastike hieman paksuuntunut. Ripottele päälle basilikan lehtiä.

## 85. Sri Lankan paistettu porsaan curry

Tekee 6 annosta

**ainesosat:**

- 80 ml voita

- 1,25 kg luutonta porsaan lapaa, leikattu 3 cm:n kuutioiksi

- 1 iso punasipuli, hienonnettuna

- 3-4 valkosipulinkynttä murskattuna

- 1 rkl raastettua inkivääriä

- 10 currylehteä

- 1 tl sarviapilan siemeniä

- 1 tl chilijauhetta

- 6 kardemumman paloja, raastettuna

- 2½ ruokalusikallista Sri Lankan curryjauhetta

- 1 rkl valkoviinietikkaa

- 3 rkl tamarinditiivistettä

- 270 ml (9½ oz) kookoskermaa

**Reittiohjeet:**

a) Kuumenna puolet öljystä suuressa kattilassa korkealla lämmöllä, lisää liha ja paista erissä 6 minuuttia tai kunnes se on ruskea. Poista pannulta. Kuumenna loput öljystä, lisää sipuli ja paista keskilämmöllä 5 minuuttia tai kunnes se on ruskea.

b) Lisää valkosipuli ja inkivääri ja keitä 2 minuuttia. Sekoita joukkoon currylehdet, mausteet ja curryjauhe ja keitä 2 minuuttia tai kunnes tuoksuvat. Sekoita joukkoon etikka ja 1 tl suolaa.

c) Kaada liha takaisin pannulle, lisää tamarinditiiviste ja 310 ml (10¾ oz/1¼ kuppia) vettä ja hauduta kannen alla, välillä sekoittaen 40–50 minuuttia tai kunnes liha on kypsää.

d) Sekoita joukkoon kookoskerma ja keitä kannen alla 15 minuuttia tai kunnes kastike on haihtunut ja hieman paksuuntunut. Tarjoile heti.

## 86. Porsaan vindaloo

Tekee 4 annosta

ainesosat:

- 1 kg (2 lb 4 unssia) porsaan ulkofileetä
- 3 ruokalusikallista voita
- 2 sipulia, hienonnettuna
- 4 valkosipulinkynttä murskattuna
- 1 rkl hienoksi pilkottua inkivääriä
- 1 rkl garam masalaa
- 2 rkl ruskeita sinapinsiemeniä
- 4 rkl valmista vindaloo-pastaa

Reittiohjeet:

a) Puhdista porsaan sisäfilee ylimääräisestä rasvasta ja jänteistä ja leikkaa se suupalan kokoisiksi paloiksi.

b) Kuumenna öljy kattilassa, lisää liha pienissä erissä ja keitä keskilämmöllä 5-7 minuuttia tai kunnes se on ruskistunut. Poista pannulta.

c) Lisää sipuli, valkosipuli, inkivääri, garam masala ja sinapinsiemenet pannulle ja keitä sekoittaen 5 minuuttia tai kunnes sipuli on pehmeää.

d) Kaada kaikki liha takaisin pannulle, lisää vindaloo-pasta ja keitä sekoittaen 2 minuuttia. Lisää 625 ml vettä ja kiehauta.

e) Vähennä lämpöä ja hauduta kannen alla $1\frac{1}{2}$ tuntia tai kunnes liha on kypsää.

## 87. Porsaan ja kardemumma curry

Tekee 4 annosta

ainesosat:

- 10 kardemummapalkoa

- 6 cm (2½ tuumaa) pala inkivääriä hienonnettuna

- 3 valkosipulinkynttä murskattuna

- 2 tl mustapippuria

- 1 kanelitanko

- 1 sipuli, hienoksi pilkottuna

- 1 tl jauhettua kuminaa

- 1 tl jauhettua korianteria

- 1 tl garam masalaa

- 3 ruokalusikallista voita

- 1 kg (2 lb 4 unssia) porsaan sisäfilettä ohuiksi viipaleina

- 2 tomaattia, hienoksi pilkottuna

- 125 ml (4 unssia/½ kuppi) kanalientä

- 125 ml (4 unssia/½ kuppi) kookosmaitoa

**Reittiohjeet:**

a) Murskaa kardemummapalot kevyesti raskaan veitsen litteällä puolella. Poista siemenet heittämällä palot pois.

b) Laita siemenet ja loput currytahnan ainekset monitoimikoneeseen tai huhmareen ja survimeen ja käsittele tai jauha tasaiseksi tahnaksi.

c) Laita 2½ ruokalusikallista öljyä isoon paksupohjaiseen paistinpannuun ja paista porsaanlihaa erissä, kunnes se on ruskea ja laita sivuun.

d) Lisää jäljellä oleva öljy pannulle, lisää sitten currytahna ja keitä keskilämmöllä 3-4 minuuttia tai kunnes tuoksuu.

e) Lisää tomaatti, kanaliemi ja kookosmaito ja keitä miedolla tai keskilämmöllä 15 minuuttia.

f) Kuori kypsennyksen aikana pintaan nouseva öljy pois ja heitä pois.

g) Lisää sianliha kastikkeeseen ja hauduta kantta ilman kantta 5 minuuttia tai kunnes se on kypsää.

## 88. Viiden mausteinen porsaan curry

Tekee 4 annosta

**ainesosat:**

- 500 g (1 lb 2oz) porsaan kylkiluita
- 1½ ruokalusikallista voita
- 2 valkosipulinkynttä murskattuna
- 190 g (6¾ unssia) paistettua tofupahvia
- 1 rkl hienoksi pilkottua inkivääriä
- 1 tl viisi maustetta
- 1 tl jauhettua valkopippuria
- 3 ruokalusikallista kalakastiketta
- 3 rkl makeaa soijakastiketta
- 2 rkl kevyttä soijakastiketta
- 35 g (1¼ oz/¼ kuppi) raastettua palmusokeria
- 1 pieni kourallinen korianterinlehtiä hienonnettuna

- 100 g (3½ oz) ohuiksi viipaleina lumiherneitä

**Reittiohjeet:**

a) Leikkaa ylimääräiset kylkiluut 2,5 cm:n (1 tuuman) paksuisiksi paloiksi ja poista kaikki pienet luunpalaset. Laita kattilaan ja peitä kylmällä vedellä. Kuumenna kiehuvaksi, alenna kiehuvaksi ja keitä 5 minuuttia. Valuta ja aseta sivuun.

b) Kuumenna öljy raskaassa kattilassa keskilämmöllä. Lisää porsaanliha ja valkosipuli ja sekoita kevyesti ruskeiksi.

c) Lisää loput ainekset lumiherneitä lukuun ottamatta sekä 560 ml vettä.

d) Peitä, kuumenna kiehuvaksi, alenna kiehuvaksi ja keitä välillä sekoittaen 15–18 minuuttia tai kunnes sianliha on kypsää.

e) Sekoita joukkoon lumiherneet ja tarjoile.

## 89. Vihreä yrttiporsaan curry

Tekee 6 annosta

**ainesosat:**

- 2 ruokalusikallista korianterin siemeniä
- 2 ruokalusikallista fenkolin siemeniä
- 1 tl jauhettua valkopippuria
- 1½ rkl raastettua inkivääriä
- 6 valkosipulinkynttä murskattuna
- 2 sipulia, hienonnettuna
- 3 ruokalusikallista voita
- 1 kg (2 lb 4 unssia) porsaan lapa, leikattu 2 cm:n (¾ tuuman) kuutioiksi
- 250 ml (9 unssia/1 kuppi) kanalientä
- 125 g (4½ unssia/½ kuppi) tavallista jogurttia
- 1 iso kourallinen korianteria
- 1 iso kourallinen tilliä karkeasti hienonnettuna

**Reittiohjeet:**

a) Paahda korianterin ja fenkolin siemeniä pannulla keskilämmöllä 2-3 minuuttia tai kunnes tuoksuvat. Anna jäähtyä. Murskaa tai jauha jauheeksi morttelilla ja survimella tai maustemyllyllä.

b) Laita jauhetut korianterin ja fenkolin siemenet sekä pippuri, inkivääri, valkosipuli ja sipuli monitoimikoneeseen tai huhmareen ja survimeen ja käsittele tai jauha tasaiseksi tahnaksi. Lisää hieman vettä, jos se on liian paksua.

c) Kuumenna 2 ruokalusikallista öljyä paksupohjaisessa kattilassa korkealla lämmöllä ja ruskista sianliha erissä. Aseta sivuun.

d) Alenna lämpöä, lisää loput öljystä ja keitä mauste-sipulitahnaa jatkuvasti sekoittaen 5-8 minuuttia. Lisää sianliha takaisin pannulle ja sekoita, jotta se peittyy tahnalla.

e) Lisää kanaliemi, lisää lämpöä korkeaksi ja kuumenna kiehuvaksi, alenna sitten erittäin alhaiselle lämmölle, peitä ja keitä 2-2½ tuntia tai kunnes porsaanliha on hyvin mureaa. Sekoita ajoittain kypsennyksen aikana ja kuori pinnalle nouseva öljy pois ja hävitä.

f) Laita jogurtti, hienonnettu korianteri, tilli ja 3 ruokalusikallista porsaan kypsennysnestettä kannuun tai kulhoon ja sekoita tehosekoittimella tasaiseksi ja lisää sitten takaisin sianlihaan.

g) Ota pois lämmöltä, mausta hyvin maun mukaan ja tarjoile.

## 90. Sianlihaa, hunajaa ja manteli currya

Tekee 4 annosta

**ainesosat:**

- 1 kanelitanko
- 3 kardemumman paloa
- 750 g (1 lb 10 oz) luutonta porsaan lapaa
- 1 ruokalusikallinen voita
- 2 ruokalusikallista hunajaa
- 3 valkosipulinkynttä murskattuna
- 2 sipulia, hienonnettuna
- 150 ml (5 unssia) kanalientä
- 1 tl jauhettua kurkumaa
- 1 tl jauhettua mustapippuria
- 1 tl raastettua sitruunan kuorta
- 1 tl appelsiinin raastettua kuorta
- 250 g (9 unssia/1 kuppi) tavallista jogurttia

- 30 g (1 unssi/¼ kuppi) pilkottuja manteleita, paahdettuja

- 1 pieni kourallinen korianterinlehtiä hienonnettuna

- 1 pieni kourallinen litteälehtistä (italialaista) persiljaa hienonnettuna

**Reittiohjeet:**

a) Kuivapaahda kanelia ja kardemummaa pannulla keskilämmöllä tai korkealla lämmöllä 2-3 minuuttia tai kunnes tuoksuvat. Anna jäähtyä. Murskaa tai jauha jauheeksi morttelilla ja survimella tai maustemyllyllä.

b) Leikkaa sianliha 2 cm:n (¾ tuuman) kuutioiksi. Kuumenna öljy ja hunaja raskaassa kattilassa keskilämmöllä. Lisää kuutioitu porsaanliha, valkosipuli ja sipuli ja paista 8-10 minuuttia tai kunnes sipuli on läpikuultava ja porsaanliha vaalean kullanruskeaa.

c) Lisää 200 ml (7 unssia) vettä ja kanalientä, kiehauta, anna kiehua, peitä kansi ja keitä välillä sekoittaen 1 tunti 15 minuuttia tai kunnes sianliha on kypsää.

d) Avaa kansi ja keitä korkealla lämmöllä 10 minuuttia tai kunnes suurin osa nesteestä on imeytynyt. Lisää murskatut mausteet, kurkuma, mustapippuri, 1 tl suolaa ja sitrushedelmien kuori ja anna hautua vielä 3-4 minuuttia.

e) Tarjoilua varten lämmitä varovasti sekoittamalla joukkoon jogurtti, mantelit, hienonnettu korianteri ja persilja.

JYVÄ / JYVÄ curry

## 91. Linssi curry

Tekee 10 annosta

**ainesosat:**

- 4 kupillista vettä, suodatettua
- 1 x 28 unssia. tölkki tomaattia, murskattu
- 3 kuorittua, kuutioitua keskikokoista perunaa
- 3 ohueksi viipaloitua keskikokoista porkkanaa
- 1 kuppi kuivattuja, huuhdeltuja linssejä
- 1 iso sipuli hienonnettuna
- 1 hienonnettu sellerikylki
- 4 rkl curryjauhetta
- 2 laakerinlehteä, kuivattu
- 2 jauhettua valkosipulinkynttä
- 1 ja 1/4 tl suolaa, kosher

**Reittiohjeet:**

a) Yhdistä edellä mainitut 10 ensimmäistä ainesosaa hitaassa keittimessä.

b) Keitä korkealla, kunnes linssit ja vihannekset ovat kypsiä, noin 6 tuntia.

c) Lisää suola ja sekoita. Hävitä laakerinlehdet ja tarjoile.

## 92. Kukkakaalia ja kikherne currya

Tekee 4 annosta

**ainesosat:**

- 2 kiloa kuorittuja, 1/2"-kuutioina perunoita

- 1 pieni kukkakaalin pää kukinnoiksi leikattuna

- 1 x 15 oz. purkki huuhdeltuja, valutettuja kikherneitä

- 2 rkl curryjauhetta

- 3 rkl öljyä, oliiviöljyä

- 3/4 tl suolaa, kosher

- 1/4 tl mustapippuria

- 3 rkl jauhettua persiljaa tai korianteria

**Reittiohjeet:**

a) Päällystä 15" × 10" × 1" pannu tarttumattomalla keittosuihkeella. Kuumenna uuni 400 F.

b) Laita ensimmäiset seitsemän ainesosaa suureen kulhoon ja sekoita peittymään. Siirrä ne keittoastiaan.

c) Paista 400 F uunissa 30-35 minuuttia välillä sekoittaen, kunnes vihannekset ovat kypsiä. Ripottele päälle persiljaa tai korianteria. Palvella.

## 93. Kikherne ja kvinoa curry

Tekee 4 annosta

**ainesosat:**

- 1 ja 1/2 kupillista vettä, suodatettu
- 1/2 kuppia appelsiinimehua
- 1 x 15 oz. purkki huuhdeltuja, valutettuja garbanzopapuja tai kikherneitä
- 2 siemennettyä, hienonnettua tomaattia, keskikokoinen
- 1 julienne keskipitkä punainen paprika, makea
- 1 kuppi huuhdeltua kvinoaa
- 1 pieni punasipulin pää hienoksi pilkottuna
- 1 tl curryjauhetta
- 1/2 kuppia rusinoita, kultaisia tai tummia
- 1/2 kuppia hienonnettua korianteria, tuoretta

**Reittiohjeet:**

a) Kuumenna vesi ja tuore tai pullotettu appelsiinimehu suuressa kattilassa kiehuvaksi. Lisää ja sekoita joukkoon tomaatit, kikherneet, quinoa, punaiset paprikat, sipuli, curry ja rusinat. Palauta seos kiehuvaksi. Vähennä sitten lämpöä.

b) Peitä astia. Hauduta, kunnes seos imee nestettä, 15-20 minuuttia.

c) Ota kattila pois lämmöltä. Sekoita ja ripottele curryseoksen päälle korianteria. Tarjoile kuumana.

## 94. Dal currya

Tekee 4 annosta

**ainesosat:**

- 200 g (7 unssia/¾ kuppi) punaisia linssejä
- 3 paksua siivua inkivääriä
- 1 tl jauhettua kurkumaa
- 1 rkl gheetä tai öljyä
- 2 valkosipulinkynttä murskattuna
- 1 sipuli, hienoksi pilkottuna
- 1 tl keltaisia sinapinsiemeniä
- ripaus asafoetidaa, valinnainen
- 1 tl kuminan siemeniä
- 1 tl jauhettua korianteria
- 2 vihreää chiliä pituussuunnassa puolitettuna
- 2 ruokalusikallista sitruunamehua

**Reittiohjeet:**

a) Laita linssit ja 750 ml (26 unssia/3 kuppia) vettä kattilaan ja kiehauta. Alenna lämpöä, lisää inkivääri ja kurkuma ja keitä kannen alla 20 minuuttia tai kunnes linssit ovat kypsiä. Sekoita välillä, jotta linssit eivät tartu pannuun. Poista inkivääri ja mausta linssiseos suolalla.

b) Kuumenna ghee tai öljy pannulla, lisää valkosipuli, sipuli ja sinapinsiemenet ja keitä keskilämmöllä 5 minuuttia tai kunnes sipuli muuttuu kullanruskeaksi.

c) Lisää asafoetida, kuminansiemenet, jauhettu korianteri ja chili ja keitä 2 minuuttia.

d) Lisää sipuliseos linssien joukkoon ja sekoita varovasti tasaiseksi. Lisää 125 ml (4 unssia/½ kuppi) vettä, vähennä lämpöä ja keitä 5 minuuttia. Sekoita joukkoon sitruunamehu ja tarjoile.

## 95. Dm aloo

Tekee 6 annosta

**ainesosat:**

- 4 kardemumman paloa
- 1 tl raastettua inkivääriä
- 2 valkosipulinkynttä murskattuna
- 3 punaista chiliä
- 1 tl kuminan siemeniä
- 40 g cashewpähkinöitä
- 1 rkl valkoisia unikonsiemeniä
- 1 kanelitanko
- 6 neilikkaa
- 1 kg (2 lb 4 unssia) yleisperunoita kuutioituna
- 2 sipulia, hienonnettuna
- 2 ruokalusikallista voita
- $\frac{1}{2}$ tl jauhettua kurkumaa

- 1 tl kikhernejauhoa

- 250 g (9 unssia/1 kuppi) tavallista jogurttia

- korianterinlehtiä, koristeeksi


**Reittiohjeet:**

a) Murskaa kardemummapalot kevyesti raskaan veitsen litteällä puolella. Poista siemenet heittämällä palot pois.

b) Laita siemenet ja loput currytahnan ainekset monitoimikoneeseen tai huhmareen ja survimeen ja käsittele tai jauha tasaiseksi tahnaksi.

c) Kuumenna iso kattila kevyesti suolalla maustettua vettä kiehuvaksi. Lisää perunat ja keitä 5-6 minuuttia tai kunnes ne ovat kypsiä, valuta sitten.

d) Laita sipuli monitoimikoneeseen ja käsittele lyhyinä paloina hienoksi hienonnetuksi, mutta ei soseeksi.

e) Kuumenna öljy isossa kattilassa, lisää sipuli ja paista miedolla lämmöllä 5 minuuttia. Lisää currytahna ja keitä sekoittaen vielä 5 minuuttia tai kunnes tuoksuu. Sekoita perunat, kurkuma, suola maun mukaan ja 250 ml (9 oz/1 kuppi) kylmää vettä.

f) Alenna lämpöä ja hauduta tiiviisti kannen alla 10 minuuttia tai kunnes perunat ovat kypsiä, mutta eivät hajoa ja kastike on hieman paksuuntunut.

g) Yhdistä besaani jogurtin kanssa, lisää perunaseokseen ja keitä miedolla lämmöllä 5 minuuttia tai kunnes se taas sakenee.

h) Koristele korianterinlehdillä ja tarjoile.

## 96. Paneeria ja herne currya

Tekee 5 annosta

ainesosat:

Paneer

- 2 litraa (70 unssia/8 kuppia) maitoa
- 80 ml (2½ unssia/1/3 kuppia) sitruunamehua
- öljyä syväpaistamiseen

Curry tahna

- 2 isoa sipulia
- 3 valkosipulinkynttä
- 1 tl raastettua inkivääriä
- 1 tl kuminan siemeniä
- 3 kuivattua punaista chiliä
- 1 tl kardemumman siemeniä
- 4 neilikkaa
- 1 tl fenkolin siemeniä

- 2 kassian kuorta

- 500 g (1 lb 2oz) herneitä

- 2 ruokalusikallista voita

- 400 ml (14 unssia ) tomaatteja passata ( soseutettu tomaatit )

- 1 rkl garam masalaa

- 1 tl jauhettua korianteria

- 1 tl jauhettua kurkumaa

- 1 rkl smetanaa (vaahdotettuna) korianterinlehdillä tarjoiluun

**Reittiohjeet:**

a) Laita maito isoon kattilaan, kiehauta, sekoita joukkoon sitruunamehu ja sammuta lämpö. Sekoita seosta 1-2 sekuntia, kunnes se sakenee.

b) Laita siivilään ja anna vetäytyä 30 minuuttia, jotta hera valuu pois. Aseta rahka puhtaalle, tasaiselle alustalle, peitä lautasella, punnita ja anna seistä vähintään 4 tuntia.

c) Laita kaikki currytahnan ainekset monitoimikoneeseen tai huhmareen ja survimeen ja käsittele tai jauha ne tasaiseksi tahnaksi.

d) Leikkaa kiinteä paneeli 2 cm:n ($\frac{3}{4}$ tuuman) kuutioiksi. Täytä syvä, paksupohjainen kattila kolmanneksella voilla ja kuumenna 180°C (350°F) tai kunnes leipäkuutio ruskistuu 15 sekunnissa. Kypsennä paneeria erissä 2–3 minuuttia tai kunnes ne ovat kullanruskeita. Valuta talouspaperin päällä.

e) Kuumenna vesi kiehuvaksi, lisää herneet ja keitä 3 minuuttia tai kunnes ne ovat kypsiä. Valuta ja aseta sivuun.

f) Kuumenna öljy isossa kattilassa, lisää currytahna ja keitä keskilämmöllä 4 minuuttia tai kunnes tuoksuu. Lisää soseutetut tomaatit, mausteet, kerma ja 125 ml (4 unssia/$\frac{1}{2}$ kuppi) vettä. Mausta suolalla ja keitä keskilämmöllä 5 minuuttia.

g) Lisää paneer ja herneet ja keitä 3 minuuttia. Koristele korianterinlehdillä ja tarjoile.

## HEDELMÄCURRY

## 97. Kuuma ja hapan ananas curry

Tekee 6 annosta

**ainesosat:**

- 1 puolikypsä ananas, kuorittu ja leikattu paloiksi
- ½ tl jauhettua kurkumaa
- 1 tähtianista
- 1 kanelitanko pieniksi paloiksi pilkottuna
- 7 neilikkaa
- 7 kardemumman paloja raastettuna
- 1 ruokalusikallinen voita
- 1 sipuli, hienoksi pilkottuna
- 1 tl raastettua inkivääriä
- 1 valkosipulinkynsi murskattuna
- 5 punaista chiliä hienonnettuna
- 1 ruokalusikallinen sokeria
- 3 ruokalusikallista kookoskermaa

**Reittiohjeet:**

a) Laita ananas kattilaan, peitä vedellä ja lisää kurkuma. Aseta tähtianis-, kaneli-, neilikka- ja kardemummapalot musliinipalalle ja solmi tiukasti nyörillä.

b) Lisää pannulle ja keitä keskilämmöllä 10 minuuttia. Purista pussia maun poistamiseksi ja hävitä sitten. Varaa keittoneste.

c) Kuumenna öljy pannulla, lisää sipuli, inkivääri, valkosipuli ja chili ja paista sekoittaen 1-2 minuuttia tai kunnes tuoksuvat. Lisää ananas ja keittoneste, sokeri ja suola maun mukaan.

d) Keitä 2 minuuttia ja sekoita sitten joukkoon kookoskerma. Keitä miedolla lämmöllä sekoittaen 3-5 minuuttia tai kunnes kastike sakenee. Tarjoa tämä curry kuumana tai kylmänä.

## 98. Makea sianliha-ananas curry

Tekee 4 annosta

**ainesosat:**

- 500 g (1 lb 2 unssia ) luutonta porsaankoivaa, josta on poistettu ylimääräinen rasva

- 1 ruokalusikallinen voita

- 3 valkosipulinkynttä murskattuna

- 125 ml (4 unssia/½ kuppi) ruskeaa mallasetikkaa

- 45 g (1½ oz/¼ kuppi) palmusokeria (jaggery), raastettuna

- 3 ruokalusikallista tomaattipyreetä

- 1 tomaatti, leikattu ympyröiksi

- 1 sipuli, leikattu ohuiksi renkaiksi

- 90 g ananasta paloiksi leikattuna

- 1 kurkku pituussuunnassa puolitettuna, siemenenneen, viipaloituna

- 1 punainen paprika suikaleiksi leikattuna

- 2½ ruokalusikallista hienonnettua jalapeño-paprikaa

- 2 tuoretta sipulia leikattuna 5 cm:n (2 tuuman) paloiksi

- 1 pieni kourallinen korianterinlehtiä

**Reittiohjeet:**

a) Leikkaa sianliha 3 cm:n (1¼ tuuman) kuutioiksi. Kuumenna öljy isossa kattilassa keskilämmöllä.

b) Lisää porsaanliha ja valkosipuli ja kypsennä 4-5 minuuttia tai kunnes porsaanliha on vaaleanruskea.

c) Sekoita toisessa kattilassa etikkaa, palmusokeria, ½ tl suolaa ja tomaattipyreetä keskilämmöllä 3 minuuttia tai kunnes palmusokeri liukenee.

d) Lisää sianlihan joukkoon etikkaseos tomaattien, sipulin, ananaksen, kurkun, chilin ja jalapeñon kanssa.

e) Kuumenna kiehuvaksi, alenna kiehuvaksi ja keitä 8-10 minuuttia tai kunnes porsaanliha on kypsää. Sekoita joukkoon kampasipuli ja korianteri ja tarjoile.

## 99. Sianliha ja karvas meloni curry

Tekee 4 annosta

**ainesosat:**

- 6 katkeraa melonia, yhteensä noin 700 g (1 lb 9 unssia ) .

- 2 ruokalusikallista sokeria

**Porsaan täyte**

- 250 g (9 unssia) jauhettua (jauhettua) sianlihaa

- 1 tl hienonnettua inkivääriä

- 1 tl valkopippuria murskattuna

- 1 valkosipulinkynsi murskattuna

- 1 kevätsipuli (punasipuli), hienonnettuna

- 1 tl punaista paprikaa

- 2 rkl hienonnettua vesikastanjaa

- 2 kaffir-limetinlehteä ohuiksi viipaleina
  $1\frac{1}{2}$ rkl hienonnettuja maapähkinöitä

- 1 pieni kourallinen korianterinlehtiä hienonnettuna

- 1 rkl raastettua palmusokeria (jaggery)

- 1 rkl kalakastiketta

- 3 ruokalusikallista voita

- 1 rkl valmista punaista currytahnaa

- 1 rkl raastettua palmusokeria (jaggery)

- 1 rkl kalakastiketta

- 250 ml (9 unssia/1 kuppi) kookoskermaa

- 4 kaffir-limetinlehteä

**Reittiohjeet:**

a) Hävitä katkeran melonin päät ja leikkaa sitten 2,5 cm:n (1 tuuman) viipaleiksi. Kauhaa kuitumainen keskuskalvo ja siemenet pienellä veitsellä jättäen ulkorenkaat koskemattomiksi.

b) Kuumenna 750 ml (26 unssia/3 kuppia) vettä sokerin ja 3 tl suolan kanssa kiehuvaksi. Melonia blanšoidaan 2 minuuttia ja valutetaan.

c) Yhdistä kaikki porsaan täytteen ainekset. Pakkaa tämä melonipalojen joukkoon. Kuumenna 2 ruokalusikallista öljyä raskaassa kattilassa miedolla lämmöllä ja lisää cantaloupe, kypsennä 3 minuuttia kummaltakin puolelta tai kunnes porsaanliha on kullanruskeaa ja ruskistunut. Aseta sivuun.

d) Lisää jäljellä oleva öljy pannulle punaisen currytahnan kanssa. Sekoita 3 minuuttia tai kunnes tuoksuu.

e) Lisää palmusokeri ja kalakastike ja sekoita kunnes ne ovat liuenneet. Lisää kookoskerma, 250 ml (9 unssia/1 kuppi) vettä ja kaffir-limetin lehdet.

f) Hauduta 5 minuuttia ja lisää sitten karvas meloni varovasti. Jatka hauduttamista kääntäen sianlihaa puolivälissä, 20 minuuttia tai kunnes sianliha on kypsää ja cantaloupe mureaa.

## 100. Snapper vihreillä banaaneilla ja mangolla

Tekee 4 annosta

ainesosat:

- 3 ruokalusikallista korianterin siemeniä
- 1 tl kuminan siemeniä
- 2-3 kuivattua pitkää punaista chiliä
- 2 sitruunaruohon vartta, vain valkoinen osa, hienonnettuna
- 3 punaista aasialaista salottisipulia hienonnettuna
- 2 valkosipulinkynttä murskattuna
- 1 tl jauhettua kurkumaa
- 1 tl katkaraputahnaa
- 1 tl jauhettua kurkumaa
- 1 pieni vihreä banaani tai jauhobanaani ohuiksi viipaleina
- 3 ruokalusikallista kookoskermaa
- 1 rkl kalakastiketta

- 1 tl raastettua palmusokeria (jaggery

- 400g (14oz) pallasta tai muuta nahkatonta valkoista kalafilettä isoiksi kuutioiksi leikattuna

- 315 ml (10¾ unssia/1¼ kuppia) kookosmaitoa

- 1 pieni mango, juuri kypsä, ohuiksi viipaleina

- 1 pitkä vihreä chili hienoksi pilkottuna

- 12 lehteä thaibasilikaa

**Reittiohjeet:**

a) Kuivapaahda korianteria ja kuminan siemeniä pannulla keskilämmöllä tai korkealla lämmöllä 2-3 minuuttia tai kunnes tuoksuvat. Anna jäähtyä. Murskaa tai jauha jauheeksi morttelilla ja survimella tai maustemyllyllä.

b) Liota chiliä kiehuvassa vedessä 5 minuuttia tai kunnes ne ovat kypsiä. Poista kanta ja siemenet ja hienonna.

c) Laita chilit, jauhettu korianteri ja kuminan siemenet muiden currytahnan ainesten kanssa monitoimikoneeseen tai huhmareen ja survimeen ja käsittele tai jauha tasaiseksi tahnaksi. Lisää hieman öljyä, jos se on liian paksua.

d) Laita pieni kattila vettä kiehumaan. Lisää 1 tl suolaa, kurkuma- ja banaaniviipaleet ja keitä 10 minuuttia, valuta sitten.

e) Laita kookoskerma kattilaan, kiehauta keskilämmöllä välillä sekoittaen ja keitä 5-10 minuuttia tai kunnes seos "halkeaa" (voi alkaa erottua). Lisää 2 ruokalusikallista valmistettua currytahnaa, sekoita hyvin ja keitä kunnes tuoksuu. Lisää kalakastike ja sokeri ja keitä vielä 2 minuuttia tai kunnes seos alkaa tummua.

f) Lisää kalapalat ja sekoita hyvin, jotta kalat peittyvät curryseoksessa. Lisää kookosmaito hitaasti, kunnes se on sekoittunut.

g) Lisää banaani, mango, vihreä chili ja basilikan lehdet pannulle ja sekoita varovasti sekoittaaksesi kaikki ainekset.

h) Keitä vielä 1-2 minuuttia ja tarjoa sitten.

## PÄÄTELMÄ

Tämä currykeittokirja näyttää, kuinka voit käyttää eri ainesosia tuomaan esiin ainutlaatuisia, mausteisia makuja monissa curryruokissa. Valmisteletpa sitten naudan-, lampaan-, sian- tai vihanneksista, nämä aidot curryruoat ilahduttavat varmasti perhettäsi ja vieraitasi.

www.ingramcontent.com/pod-product-compliance
Lightning Source LLC
Chambersburg PA
CBHW070457120526
44590CB00013B/668